EINLEITUNG

Als ich 1973 meine Laufbahn als Gesetzeshüter begann, suchte ich händeringend nach einer kompakten Anleitung mit Verhaltensweisen, die auf eine Täuschung hindeuten. Aber ein solches Handbuch gab es nicht. Also zeichnete ich während meiner Zeit als Special Agent des FBI all die mimischen und gestischen Regungen auf, die mir in den Verhören besonders auffielen. Einige davon entdeckte ich während meiner Ermittlungen in Mord- und Vergewaltigungsfällen im Colorado-River-Indianerreservat, anderen begegnete ich, während ich in den USA und im Ausland Spione befragte. Mit der Zeit wuchs diese Liste immer weiter an und ich verwendete sie als meinen persönlichen Leitfaden, während ich zugleich meine Beobachtungen immer wieder auf den Prüfstand stellte. Aus den identifizierten Verhaltensmustern entwickelte sich schließlich das Nachschlagewerk, das ich zu Beginn meiner Karriere so dringend gebraucht hätte. Zu dieser Zeit war nach wie vor kein umfassender Leitfaden verfügbar und ich stellte obendrein fest, dass die meisten Bücher zum Thema Täuschung, genau wie viele meiner Ausbilder, Informationen vermittelten, die schlichtweg falsch waren. Und nicht nur falsch, sondern gemeingefährlich. In den letzten zehn Jahren konnten durch nachträgliche DNA-Beweise zahlreiche Unschuldige (261 zum Zeitpunkt der Buchveröffentlichung) entlastet werden, die fälschlicherweise verurteilt worden waren, weil die Ermittlungsbeamten Anzeichen von Stress für Hinweise auf Täuschungsabsichten gehalten hatten. Wir wissen inzwischen, dass viele Verhaltensweisen, die gemeinhin mit Lügen, Täuschung und Verschleierung in Verbindung gebracht werden, nicht nur von Schuldigen, sondern auch von Unschuldigen gezeigt werden. Dies hängt vom Stressniveau, dem Alter der Verdächtigten, den äußeren Umständen des Verhörs (z. B. der Anzahl der im Raum anwesenden Ermittler, intensiven Befragungstechniken) und vielen weiteren Faktoren ab.

Ich musste auch feststellen, dass in der wissenschaftlichen Fachliteratur zum Thema Körpersprache dem Gesicht nach wie vor eine unverhältnismäßig große Bedeutung beigemessen wird. Ich denke, dies ist darauf zurückzuführen, dass die Forscher ihre Erkenntnisse unter Laborbedingungen gewinnen und ihre Erfahrungen nicht wie polizeiliche Ermittler auf der Straße sammeln, wo man in der Regel Dinge zu sehen bekommt, die sich in keinem Labor der Welt jemals nachstellen lassen. Ich habe festgestellt, dass man den ganzen Menschen beobachten muss und nicht nur sein Gesicht, weil jeder Zentimeter des Körpers einem mitteilt, was gerade im

INHALT

Gehirn vor sich geht. Haut, Muskeln, Hände, Füße, Nacken, Augen, Rumpf, Daumen, Schultern – sie alle geben Auskunft darüber, was das Gehirn gerade verarbeitet, fühlt, wünscht, befürchtet oder beabsichtigt. Bereits im Altertum wusste man das. Das alttestamentarische *Buch der Sprichwörter* (Kapitel 6:13) besagt, dass all jene, die Böses im Schilde führen, ein bestimmtes Bild abgeben: »Wer mit den Augen zwinkert, mit den Füßen deutet, Zeichen gibt mit den Fingern.« Daran hat sich bis heute nichts geändert.

In meinem Buch *Menschen lesen* (mvg 2010) beschreibe ich einige der Verhaltensweisen, die mit Lügen, Täuschung und Verschleierung einhergehen (Kapitel 10), um der ersten Neugier gerecht zu werden. Das Buch war jedoch eher als ein allgemeiner Ratgeber angelegt und nicht als Praxisbuch zur Deutung der Körpersprache bei Menschen mit Täuschungsabsicht in einem kriminalistischen Umfeld. Nach der Veröffentlichung von *Menschen lesen* baten mich viele Ermittler, aber auch Angehörige anderer Berufsgruppen (zum Beispiel Anwälte, Personalverantwortliche, Versicherungsmakler) um eine kompakte, aber dennoch umfassende Anleitung zur Interpretation von Verhaltensmustern, die auf eine Täuschung oder Verschleierung hinweisen, weil es so etwas nicht gab – bis jetzt!

Das vorliegende Buch ist die Antwort auf diesen so oft an mich herangetragenen Wunsch. Ein über-

sichtlicher, leicht zu nutzender Leitfaden mit einer
Liste von zweihundertsechzehn der häufigsten Verhaltensweisen und Anzeichen, die auf Täuschung
und Verschleierung hindeuten. Dieses Werk erhebt
nicht den Anspruch, ein erschöpfendes Kompen-
dium zu sein, sondern ist vielmehr als eine Kurz-
anleitung für all jene gedacht, die in ihrem Job bereits wichtige Gespräche führen müssen und in diesem Zusammenhang gerne über eine Liste mit Verhaltensweisen verfügen würden, die auf Täuschung,
das Verbergen von Informationen oder Täterwissen hindeuten. Dieses Werk richtet sich an alle, die
darauf angewiesen sind, durch gezieltes Fragenstel-
len zur Wahrheit zu gelangen. Ich empfehle Ihnen,
sich alle Verhaltensweisen durch mehrmaliges Lesen gründlich einzuprägen und dann das Buch stets
griffbereit zu halten, um bei Bedarf schnell etwas
nachschlagen zu können. Es ist handlich genug, um
es immer bei sich zu führen, und außerdem kann die
elektronische Version auf jedes geeignete Abspielge-
rät (Smartphone, Tablet, PC oder eBook-Reader)
geladen werden.

Sogar wir, die wir tagtäglich die Körpersprache
unseres Gegenübers lesen, vergessen manchmal,
was wir bereits wissen. In diesem Ratgeber können
Sie schnell zu einem beliebigen Körperbereich blät-
tern, angefangen mit dem Kopf, um sich dann zu den
tieferliegenden Partien vorzuarbeiten, bis Sie genau
das finden, wonach Sie suchen.

Vier Gelegenheiten, Täuschungen aufzudecken

Eine reine Liste an Verhaltensmustern oder Täuschungshinweisen wäre von geringem Nutzen, wenn es dazu nicht auch eine Art Bedienungsanleitung gäbe, möge sie noch so kurz sein. Lassen Sie es mich also zusammenfassen. Grundsätzlich achten wir in jeder Gesprächssituation zunächst einmal auf Zeichen für *Behagen und Unbehagen* bei unserem Gesprächspartner. Der menschliche Körper spiegelt – zum Glück, muss man sagen – *Behagen und Unbehagen* in Echtzeit wider, das ist die Grundlage für das Verständnis der Verhaltensweisen, die Sie in der nachfolgenden Liste finden. Eng damit verbunden sind Zeichen für *Zuversicht*, die das Behagen äußerlich sichtbar machen, bzw. Zeichen für einen *Mangel an Zuversicht*, die ein Ausdruck von Unbehagen sind. Sobald man dieses Prinzip versteht, geht es in einem kriminalistischen Gespräch nur noch darum, die richtigen Fragen zu stellen und diese dann in einen Zusammenhang mit den gemachten Beobachtungen zu bringen, um die Wahrheit ans Tageslicht zu bringen.

Erfreulicherweise gibt es Wege, Fragen in einem kriminalistischen Kontext (in dem man die Umgebung kontrollieren kann und Zeit keine Rolle spielt) so zu stellen, dass sie einen bei der Einschätzung von zurückgehaltenen und vorgetäuschten Informationen unterstützen – das wird Sie hoffentlich zur Wahrheit geleiten. Ihnen ist sicher aufgefallen, dass ich die Formulierung »Fragen stellen« verwendet habe, denn wenn man seinem Gesprächspartner die Möglichkeit lässt, ziellos zu schwadronieren oder in der Verhörsituation die Strippen zu ziehen, wird man sich schwertun, ein Täuschungsmanöver aufzudecken. Stellt jedoch ein kompetenter Gesprächsführer gezielt Fragen, und zwar in der richtigen Reihenfolge und mit einer präzisen Strategie, haben wir vier hervorragende Gelegenheiten zu bestimmen, ob die betreffende Person etwas zu verbergen hat, ob eine Frage sie belastet, ob sie lügt oder ob sie eine bestimmte Form von Täterwissen verbirgt. Und so funktioniert es:

Gelegenheit Nr. 1 – Fragen stellen

Die erste Gelegenheit, einer Täuschung auf die Spur zu kommen, ist es schlichtweg, eine Frage zu stellen. Sobald der Gesprächspartner die Frage hört, sollten Sie nach (allen nachfolgend aufgeführten) Verhaltensweisen Ausschau halten, die darauf hinweisen, dass er seine Bewegungen zügelt (einfriert), durch die Frage in eine gedrückte Stimmung kommt (die Lippen zusammenpresst, das Kinn anzieht, den Bauch abwendet usw.) oder anfängt, sich selbst zu beschwichtigen, um Stress abzubauen. Mit anderen

Worten: Zeigt die Person äußerlich, dass sie sich bei dieser Frage unwohl fühlt – und wenn ja, warum?

Ein guter Gesprächsführer stellt eine Frage und beobachtet zugleich völlig unaufdringlich, also ohne Skepsis oder Argwohn zu zeigen. Er sollte während der gesamten Unterredung wachsam bleiben, dabei aber nie anklagend wirken. Denn sonst geht sein Gegenüber in die Defensive und alle nachfolgenden Verhaltensweisen sind eher ein Ausdruck seiner Abneigung gegenüber dem Fragesteller und weniger ein Hinweis auf Täterwissen. Nach jeder Frage sollte sich der Fragesteller also zunächst abwartend verhalten und genau hinsehen.

Bedenken Sie außerdem, dass für einen Schuldigen nicht alle Wörter gleich schwer wiegen. Ein Mörder, der bei seiner Tat einen Eispickel verwendet hat, wird auf das Wort anders reagieren als auf »Schrotflinte« oder »Messer«. Diese Begriffe besitzen nicht dieselbe *limbische* oder emotionale Wirkung, weil nur das Wort »Eispickel«, die tatsächliche Mordwaffe, eine Bedrohung für ihn darstellt.

Gelegenheit Nr. 2 – die Verarbeitung der Frage

Die zweite Gelegenheit, einer Täuschung oder vorenthaltenem Wissen auf die Schliche zu kommen, haben wir, während die Person die soeben vernommene

Frage geistig verarbeitet. Manche Menschen können das sehr schnell, während andere sich damit Zeit lassen. Ganz gleich, mit wem Sie es zu tun haben, als Gesprächsführer müssen Sie beobachten, welche Wirkung Ihre Frage auf Ihr Gegenüber hat, während dieser die Frage verarbeitet.

Bittet er Sie vielleicht darum, die Frage zu wiederholen, eventuell als eine Verzögerungstaktik? Wühlt ihn die Frage auf? Wirkt er zögerlich? Sieht er so aus, als würde er in seinem Kopf Algebraaufgaben lösen? Schlingt er plötzlich seine Fußgelenke um die Stuhlbeine? Wirkt er wie gelähmt? Wandern seine Augen unablässig umher? Blinzelt er häufiger? Änderungen im Verhalten oder der Mimik weisen darauf hin, dass sich die Gedanken oder Gefühle der betreffenden Person verändert haben. Wenn Ihr Gesprächspartner Probleme damit hat, die Frage zu beantworten, oder den Eindruck macht, als sei er deswegen beunruhigt, dann müssen Sie nach den Ursachen für dieses Verhalten forschen.

Gelegenheit Nr. 3 – die Antwort

Die dritte Gelegenheit, verborgene Informationen (Verschleierung), Täuschung oder Täterwissen aufzudecken, ergibt sich, wenn die befragte Person antwortet. Antwortet sie voller Überzeugung, ohne zu zögern, mit fester Stimme, mit Selbstvertrauen? Oder verschränkt sie die Arme? Zeigt sie Beruhigungsgesten? Versucht sie, möglichst wenig Platz einzunehmen? Verbirgt sie ihre Daumen oder Finger? Zeigen ihre Handflächen nach oben oder nach unten? Zieht sie die Schultern hoch? Wenn sie kleinlaut erscheint, unsicher, mit einer schiefen Schulterhaltung, wenn die Stimme schrill oder tonlos wird oder sie nur widerwillig antwortet, geht es vermutlich um eine Angelegenheit, bei der es sich lohnt, tiefer zu bohren. Unterstreicht sie das, was sie sagt, mit den Händen – oder sind die Hände steif, unbeweglich, werden sie gar Ihrem Blick entzogen, also versteckt? Der versierte Ermittler weiß alle diese Zeichen zu deuten.

Gelegenheit Nr. 4 – nach der Antwort

Die vierte Gelegenheit herauszufinden, ob die befragte Person etwas zu verbergen hat, erhalten wir, nachdem sie die Frage beantwortet hat. Ein guter Gesprächsführer wird dann wiederum abwartend beobachten, wobei er eine natürlich wirkende, aber bedeutungsschwangere Pause schafft, in der er sein Gegenüber in Augenschein nimmt, um zu sehen, ob die Person *resigniert ausatmet*, Beruhigungsgesten zeigt, unruhig wird oder nach Luft ringt. Diese Verhaltensweisen sind sehr aussagekräftig. Wir Menschen beruhigen uns unbewusst selbst, wenn wir unter Stress stehen. Indem wir also auf entsprechende Verhaltensweisen achten, können wir feststellen, wodurch sie hervorgerufen wurden. Beispielsweise durch eine Frage wie: »Besitzen Sie eine Schusswaffe?«

Die meisten Menschen sind sich nicht bewusst, dass sich der Verhörte – sofern dieser Wissen vorenthält oder unter psychischem Stress steht – nach der Beantwortung einer Frage unwillkürlich bewegt, indem er zum Beispiel auf seinem Stuhl umherrutscht, sich selbst beruhigt, Luft zufächelt, mit den Händen an den Oberschenkeln entlangfährt, seine Kleidung richtet usw. – all das, um die Anspannung zu lindern, die sich aufgestaut hat, während er die unangenehme Frage hörte, sie geistig verarbeitete und schließlich eine Antwort darauf formulierte. Die Äußerung der befragten Person bietet dem Interviewer also eine weitere, abschließende Gelegenheit, um nach Hinweisen für unaufrichtiges Verhalten zu fahnden.

Die Wahrheit über das Aufdecken von Lügen

Obwohl Sie bei jeder Frage vier Gelegenheiten haben, einer Täuschung auf die Schliche zu kommen, sollte Ihnen eine Tatsache bewusst sein – und das sollte auch zum Mantra eines jeden Ermittlers oder Wahrheitssuchenden werden: »Es gibt kein untrügliches Indiz oder eine Verhaltensweise, die eine Lüge zweifelsfrei belegt.« Man kann nach Verhaltensweisen Ausschau halten, die auf Unbehagen oder Unstimmigkeiten hinweisen, aber man kann niemals behaupten und mit Sicherheit niemals beweisen, dass diese Verhaltensweisen per se ein Ausdruck von Täuschung sind. Warum? Ganz einfach: Weil es keine wissenschaftlichen Belege dafür gibt. Die Forschungsergebnisse seit 1986 sind diesbezüglich überzeugend, und die vielen Entlastungen durch DNA-Tests bestätigen ebenfalls: Hinweise auf Stress deuten nicht zwangsläufig auf eine Täuschung hin (Ekman 1991, 162; Vrij 2000, 5–31). Oder, wie mein Freund Dr. Mark G. Frank es so treffend ausdrückt: »Wenn es um Täuschungen geht, gibt es leider keinen Pinocchio-Effekt« (Navarro 2008, 230).

So ausführlich die nachfolgende Liste auch sein mag, keine dieser Verhaltensweisen ist von Nutzen, wenn die befragte bzw. verhörte Person im Gesprächsverlauf unter Druck gesetzt oder eingeschüchtert wird. Sobald Sie die Intimsphäre des Verdächtigen verletzen, ihm zeigen, dass Sie ihm keinen Glauben schenken, mit der Faust auf den Tisch hauen, zu viele Menschen im Raum zulassen oder sogar demonstrativ eine Waffe tragen, spielen alle Verhaltensweisen im Buch keine Rolle mehr. Und zwar schlichtweg, weil alle Dinge, die ich soeben erwähnt habe, Stress verursachen – und das bedeutet, dass man voraussichtlich viele der nachfolgend aufgelisteten Verhaltensreaktionen zu sehen bekommt. Diese sind allerdings auf Ihr Verhalten als Gesprächsführer zurückzuführen und haben ihre Ursache keineswegs darin, dass der Verhörte Wissen vorenthält oder angesichts der Fragen Unbehagen empfindet.

Jeder gute Gesprächsführer weiß, dass es in Kommunikationssituationen darum geht, eine angenehme Atmosphäre zu schaffen, in der sich Ihr Gegenüber wohlfühlt, mit möglichst wenig Stress, damit wir eventuelle Verhaltensänderungen bemerken. Rapport aufzubauen ist also hilfreich, ebenso der Verzicht auf weitere anwesende Personen (ich bevorzuge Gespräche unter vier Augen). Je mehr Menschen sich im selben Raum befinden, desto belastender ist die Situation und desto schwieriger wird es, den Gesprächspartner zu lesen.

Nützliche Verhaltensweisen bei der Aufdeckung von Täuschungen

Wie ich zu Beginn bereits erwähnt habe, begann ich in den 1970ern mit der Erstellung dieser Liste, die mit der Zeit immer länger wurde. Einige Menschen mögen der Ansicht sein, sie sei inzwischen lang und umfangreich genug, während andere denken, dass es sicher noch mehr verräterische Verhaltensweisen geben muss. Ich bin sicher, dass dies der Fall ist, und hoffe, dass im Laufe der Zeit auch andere Autoren ihre Beobachtungen veröffentlichen werden. In der Zwischenzeit sollten Sie immer daran denken, diese über zweihundert mimischen und gestischen Ausdrucksformen im jeweiligen Zusammenhang zu interpretieren. Nur so werden Sie in der Lage sein herauszufinden, ob jemand die Wahrheit sagt oder ob die befragte Person vielleicht etwas beschäftigt, ob sie Ihnen Informationen vorenthält, ob sie ermittlungsrelevante Dinge verschweigt, ob sie über Täterwissen verfügt – oder ob sie schlichtweg lügt.

Weil ich mich schwerpunktmäßig mit nonverbaler Kommunikation befasse, habe ich mich vor allem auf diesen Aspekt konzentriert. Andere Kollegen wie mein Freund John »Jack« Schafer und Sue Adams haben sich bei der Wahrheitssuche auf die verbale Komponente spezialisiert, ihre Arbeit sollte daher gesondert betrachtet werden. Ich verzichte in diesem Buch darauf, die Ansichten anderer Autoren zum Thema zu wiederholen – diese Liste enthält ausschließlich meine eigenen Erkenntnisse und Beobachtungen.

Wenn Sie Verhaltensweisen analysieren, dürfen Sie nicht vergessen, dass Sie stets neutral bleiben müssen, weil Ihre eigene Körpersprache, Ihr Verhalten und Ihre Fragen die Körpersprache Ihres Gegenübers beeinflussen können. Jede Form von Stress, die Sie verursachen, wird sich bei einem Unschuldigen auf die gleiche Weise widerspiegeln wie bei einem Schuldigen, deshalb sind hervorragende Gesprächsführer in der Lage, eine psychologisch angenehme, entspannte Atmosphäre zu schaffen, in der es dann umso leichter fällt, bei der verhörten Person Anzeichen von Unbehagen oder Stress auszumachen, die auf ihr Täterwissen zurückzuführen sind.

Halten Sie nach Verhaltensclustern Ausschau, die Ihre Beobachtungen stichhaltig untermauern. Versuchen Sie den Befragten möglichst dazu zu bringen, sein Verhalten zu einem späteren Zeitpunkt zu wiederholen, indem Sie im Prinzip dieselbe Frage noch einmal stellen, dabei aber andere Formulierungen verwenden. Diese Strategie eignet sich bestens, um sich zu vergewissern, ob man mit seinen Annahmen richtig liegt. Bedenken Sie außerdem, dass Sie in der Regel die einzige Person sind, die in der Lage ist, diese Beobachtungen zu machen; Sie sollten also lernen, aufmerksam zu sein, ohne dabei allzu argwöhnisch oder forsch zu wirken. Mit der Zeit wird Ihnen dieses aktive Beobachten in Fleisch und Blut übergehen; aber für den Augenblick können Sie sich ruhig an die nachfolgende Liste halten, um die Informationen stets präsent zu haben.

Meine Auflistung fängt am Kopf an und arbeitet sich nach unten zu den Füßen vor (der ehrlichste Körperteil). Hinter jeder beschriebenen Verhaltensweise steckt eine Geschichte – ein Verhör, von denen ich im Laufe der Jahre viele geführt habe. Ich wünschte, ich könnte jede einzelne dieser Geschichten erzählen, aber das würde den Rahmen dieses Büchleins sprengen; dennoch hoffe ich, dass es Sie als Leser nicht stört, wenn ich hin und wieder eine Anekdote einstreue, die mit der Beobachtung eines bestimmten Verhaltens in Zusammenhang steht. Hier nun also *Der kleine Lügendetektor*.

KOPF

1. Den Hut ziehen – Männer heben plötzlich ihren Hut an, um ihren Kopf zu kühlen, wenn sie mit etwas hadern, unter Stress stehen oder wegen etwas Bedenken haben. Halten Sie auch nach anderen Verhaltensweisen Ausschau, die diese Geste bestätigen, beispielsweise ein angespanntes Gesicht, hochgezogene Schultern usw. Bedenken Sie außerdem, dass auf der Straße das Ablegen von Hüten, Hemden, Sonnenbrillen und dergleichen oft vor einem Kampf geschieht, halten Sie also die Augen offen.

2. Am Ohrläppchen zupfen oder es massieren – Wirkt entspannend, wenn wir unter Stress stehen oder über etwas brüten. Ich würde diese Geste mit Zweifeln, Zögern oder dem Abwägen von Möglichkeiten in Verbindung bringen. Der Schauspieler Humphrey Bogart ist berühmt für diese Geste.

3. Sich am Kopf kratzen – Beruhigt uns, wenn wir Zweifel haben, unter Stress stehen oder uns Sorgen machen. Man sieht dieses Verhalten bei Menschen, die sich an etwas zu erinnern versuchen oder die perplex sind. Diese Geste wirkt beruhigend, es liegt also

auf jeden Fall eine Form von innerem Konflikt oder
Problem vor.

4. Sich mit den Fingern durch die Haare fahren –
In Stresssituationen fahren Männer mit ihren Fingern durch die Haare, um ihren Kopf zu kühlen und
die Kopfhaut zu stimulieren. Dies weist normalerweise auf Besorgnis oder Zweifel hin. Halten Sie an anderen Körperstellen nach Verhaltensweisen Ausschau,
die diese Vermutung untermauern (zusammenge-
presste Lippen, Ellbogen eng am Tisch usw.).

5. Mit den Haaren spielen – Das Spielen mit dem Haar
(zwirbeln, drehen oder glatt streichen) ist ein Verhalten zur Beruhigung, üblicherweise bevorzugt von
Frauen eingesetzt. Es hebt die Stimmung (beispielsweise beim Lesen) oder dient dem Abbau von Stress (bei
einer Prüfung, einem holprigen Flug). Wenn die Handfläche zum Kopf zeigt, handelt es sich wahrscheinlich
um eine Geste zur Beruhigung, mit der innere Anspannung gelöst werden soll (im Gegensatz zu einer nach
außen zeigenden Handfläche, siehe Punkt 6).

**6. Mit den Haaren spielen – Handfläche nach au-
ßen** – Wenn Frauen mit ihren Haaren spielen und die
Handfläche nach außen zeigt, ist das eher ein Zeichen
für Behagen, es sollte also als Ausdruck von Sicherheit und Selbstvertrauen gedeutet werden. Der Unter-
schied zwischen diesem und dem zuvor beschriebe-

nen Punkt besteht darin, dass wir anderen nur dann
unsere Handgelenke zeigen, wenn wir uns wohlfüh-
len oder entspannt sind. Man sieht diese Geste oft bei
Dates, bei denen die Frau mit ihren Haaren spielt und
sich – mit der Handfläche nach außen – mit jemandem unterhält, der sie interessiert.

7. Luft ans Haar lassen (Frauen) – Luft an die Haare zu lassen übt eine stark beruhigende Wirkung aus
(bei hohen Außentemperaturen wie auch bei Stress).
Frauen gehen dabei anders vor als Männer. Sie reiben den Hinterkopf bzw. die Nackenpartie, an der die
Haare ansetzen, wenn sie sich Sorgen machen, beunruhigt sind, unter Stress stehen oder nervös sind.
Wenn sie dieses Verhalten wiederholt zeigen, stehen
sie vermutlich unter großem Stress.

8. An den Haaren ziehen (Männer) – Männer ziehen oder streichen unbewusst an ihren Haaren, wenn
sie beunruhigt, nervös oder angespannt sind. Dieses
Verhalten dient der Beruhigung – aus diesem Grund
ziehen Männer an ihren Ohren-, Augenbrauen- oder
Barthaaren, wenn sie unter enormem Stress stehen.
Im Extremfall reißen sich Personen (beiderlei Ge-
schlechts) sogar Haare aus, um sich Linderung zu
verschaffen. Diese Zwangsstörung nennt sich *Tricho-
tillomanie*, ein Verhalten, dass man auch bei Tieren
wie beispielsweise Vögeln sieht (die sich die Federn
ausrupfen).

9. Bestätigendes Nicken – Viele Menschen werden, ohne es zu merken, bestätigend nicken, wenn sie zutreffende Informationen hören, etwa wenn ein Ermittlungsbeamter einen Tathergang so beschreibt, wie er tatsächlich stattgefunden hat. Manchmal sieht dieses unbewusste Bestätigen auch so aus, als würde sich die Person hin- und herwiegen, aber es ist eine Bestätigung – selbst wenn sie sich gerade innerlich darauf vorbereitet, die Äußerung abzustreiten. Seien Sie vor allem dann auf der Hut, wenn das Kopfnicken mit einem Schürzen der Lippen einhergeht (Punkt 72), weil das normalerweise bedeutet: Ich höre, was du sagst (Nicken), stimme dir aber nicht zu.

10. Versehentliches Kopfnicken – Wenn die Person auf die Frage »Haben Sie es getan?« mit »Nein, habe ich nicht« antwortet, dabei aber nickt, statt den Kopf zu schütteln, haben wir es mit einer anderen Art des Kopfnickens zu tun. Man könnte meinen, dies sei ein eindeutiges Zeichen für eine Täuschungsabsicht, aber es gab schon Fälle, in denen (unschuldige) Menschen deshalb nickten, weil sie zu verstehen geben wollten, dass sie die Frage verstehen. Diese Bewegung ist also ein Verhalten, das einen alarmieren sollte, es ist aber für sich genommen wieder einmal nicht hinreichend. Beachten Sie außerdem, dass in manchen osteuropäischen Ländern (zum Beispiel in Bulgarien) ein Nicken manchmal auch Nein bedeutet.

11. Haare glatt streichen – Verhörte Personen streichen sich manchmal mit der Handfläche die Haare
glatt, um sich zu beruhigen, wenn sie unter Stress stehen oder in einem Zwiespalt stecken, so wie es ihre
Mütter einst in ihrer Kindheit gemacht haben. Es
handelt sich in der Regel um eine Beruhigungsgeste,
die entspannend wirken soll. Ich würde dieses Verhalten als eine Form von Stressabbau deuten.

STIRN

12. Die Stirn eignet sich hervorragend, um nach Anzeichen für Stress, Befremdung, Zweifel, Ungläubigkeit, Nervosität oder möglichen Problemen Ausschau zu halten. Auf der Stirn äußert sich Stress, und dort bauen wir ihn auch wieder ab (durch Massieren, Reiben usw.). Wenn man allgemeine Anzeichen von Stress auf der Stirn oder anderswo entdeckt, sollte man auch andere Körperbereiche nach entsprechenden Verhaltensweisen absuchen, die diese Beobachtung stützen. Ich sage das deshalb, weil Stress sich auf der Stirn manchmal äußert, als würde jemand sich konzentrieren oder etwas nicht verstehen.

13. Kognitive Überforderung – Lügner haben oft Schwierigkeiten damit, einfache Fragen zu beantworten (weil das die kognitiven Ressourcen beansprucht). Dies macht sich normalerweise im Bereich der Stirn und an den Augen bemerkbar, weil es so aussieht, als würde die betreffende Person gerade eine schwierige Rechenaufgabe lösen. Ich ordne dieses Verhalten hier ein, obwohl es auch noch andere Verhaltensweisen gibt, die auf eine kognitive Beanspruchung hinweisen oder die den Eindruck vermitteln, dass die Person Probleme hat, auf eine Information oder einfache Frage wie »Wo waren Sie gestern Abend?« in angemessener Geschwindigkeit zu reagieren. Seien Sie jedoch auf der Hut: Alkohol-, Drogen- oder Demenzkranke erinnern sich manchmal tatsächlich nicht an ganz alltägliche Dinge.

14. Schweiß auf der Stirn – Wenn der Stresspegel hoch genug ist und sich Anspannung, Angst oder Sorge breitmachen, sind plötzliche Schweißausbrüche keine Seltenheit. Bedenken Sie jedoch, dass manche Menschen auch stark schwitzen, wenn sie Kaffee trinken. Vergewissern Sie sich also, dass Sie das Normalverhalten der auf dem Prüfstand befindlichen Person kennen, bevor Sie Ihre Schlussfolgerungen ziehen.

15. Stirnrunzeln – Stirnrunzeln ist normalerweise ein zuverlässiger Hinweis dafür, dass etwas nicht stimmt, Probleme vorliegen oder die Person sich unsicher fühlt. Man sieht dieses Verhalten auch, wenn sich jemand konzentriert oder versucht, sich auf etwas einen Reim zu machen. Diese mimische Ausdrucksform steht normalerweise mit Zweifel, Anspannung, Nervosität oder Sorge in Verbindung.

16. Die Augenbrauen zusammenkneifen – Ziehen die Augenbrauen sich zusammen, ist das ein universelles Zeichen dafür, dass Sorgen, Probleme oder eine

Abneigung vorliegen. Manchmal handelt es sich dabei um eine Mikroexpression, die nur sehr schwer zu bemerken ist, aber sie ist sehr zuverlässig, weil sie wahre Gefühle widerspiegelt. Bei manchen Personen blitzt diese Mimik für den Bruchteil einer Sekunde auf, sobald sie eine Frage hören, es verschwindet aber sofort wieder, während dieses Verhalten bei anderen mehrere Minuten lang andauern mag. In beiden Fällen weist es sehr zuverlässig auf Sorgen, Probleme oder eine Abneigung hin.

17. Die Stirn massieren – Wir neigen dazu, dieses Verhalten zu zeigen, wenn uns etwas (im wahrsten Sinne des Wortes) Kopfschmerzen bereitet, wenn Zweifel bestehen, wir Informationen verarbeiten oder wir nervös oder beunruhigt sind. Es zeigt sich normalerweise, wenn sich jemand Sorgen um sich selbst oder eine andere Person macht. Das Massieren der Stirn ist eine Beruhigungsgeste, die anzeigt, dass einem irgendetwas Stress oder Unbehagen verursacht.

18. Die Stirn anspannen – Bei manchen Menschen macht sich Stress durch eine plötzliche Anspannung der Stirn und der darunter befindlichen Muskeln bemerkbar. Man muss natürlich auch wissen, wie die Person aussieht, wenn sie nicht unter Stress steht, aber wenn dies bekannt ist, lässt sich die Anspannung der Stirn gut ausmachen. Dieser mimische Ausdruck weist zuverlässig darauf hin, dass etwas nicht stimmt oder ein Problem vorliegt – vor allem, wenn Sie gleichzeitig ein Anspannen der Hände, des Nackens oder des Schulterbereichs wahrnehmen.

19. Den Hut in die Stirn ziehen – Achten Sie darauf, ob Ihr Gegenüber plötzlich anfängt, seine Kopfbedeckung (Hut, Schirmmütze, Kapuze) zu richten, sobald das Verhör brenzliger wird. Das Bedecken des Kopfes, vor allem wenn dies auf prägnante Fragen hin erfolgt, deutet darauf hin, dass die Person versucht, Stress abzubauen – vielleicht, weil sie Täterwissen oder etwas anderes vorenthält.

20. Die Hand an die Stirn pressen – Wenn jemand seine Hand flach auf die Stirn drückt, dient das normalerweise dem Abbau von Spannungszuständen, die durch Stress, Zweifel oder Unsicherheit ausgelöst worden sind. Diese Geste darf nicht mit dem Schlagen der Hand gegen die Stirn verwechselt werden – es sieht vielmehr so aus, als würde die Person versuchen, ihren Kopf nach hinten zu schieben. Wie so viele andere Verhaltensweisen wirkt sie beruhigend.

21. Botox-Stirn – Achtung: Sowohl Männer als auch Frauen lassen sich mittlerweile Botox spritzen, um ihre Stirnfalten zu glätten. In Paarbeziehungen stellt dies mittlerweile ein Problem dar, weil die Partner ihre Gesichter nicht mehr genau lesen können; und auch behördliche Ermittlungen müssen dieser stei-

genden Tendenz zur Schönheitsbehandlung nun
Rechnung tragen. Viele Gesprächsführer finden, dass
das Lähmen der Stirnmuskulatur mit Botox ihre Fähigkeit beeinträchtigt, die Gesichter von Befragten
oder Verhörten zu deuten. Man kann herausfinden,
ob Botox gespritzt wurde, indem man darauf achtet,
ob im Bereich unmittelbar unterhalb des Haaransat-
zes normale mimische Gefühlsregungen erkennbar
sind, sonst aber nicht – in diesem Fall kann man sich
recht sicher sein, dass man die Stirn nicht weiter nach
Hinweisen absuchen muss, weil sie mit chemischen
Mitteln beseitigt wurden.

22. Eine pulsierende Ader an der Schläfe – Wenn jemand unter Stress steht, kann die Ader an der Schläfe hervortreten oder sogar sichtbar pulsieren. Dies ist
ein sehr zuverlässiges Indiz für eine Erregung des ve-
getativen Nervensystems aufgrund von Nervosität,
Beunruhigung, Angst, Wut oder Besorgnis.

AUGEN

23. Entspannte Augen – Entspannte Augen stehen mit Behagen und Zuversicht in Zusammenhang. Sobald man irgendwo anders am Körper bestimmte Verhaltensweisen entdeckt, sollte man immer auch auf die Augen sehen und überprüfen, ob sie das Verhalten bestätigen. Wenn die Augenpartie entspannt aussieht, ist alles in Ordnung. Wenn Sie allerdings plötzlich feststellen, dass eine Person angestrengt blickt oder die Augen zusammenkneift, konzentriert sie sich entweder oder steht möglicherweise unter Stress. Die Augen verfügen über die schnellsten Muskeln des Körpers, deshalb reagieren sie viel unmittelbarer auf die Umgebung als andere Gesichtsmuskeln.

24. Die Augenbrauen hochziehen – Ein plötzliches Anheben der Augenbrauen kann auf freudige Erregung (wenn man beispielsweise einen Freund begrüßt) oder Wiedererkennen von etwas Bekanntem oder Entsetzen hinweisen. Dieses Verhalten zeigt sich oft, wenn ein Verdächtiger ein Tatortfoto sieht oder erfährt, dass ein Opfer einen Angriff überlebt hat und als Zeuge zur Verfügung steht. Sie dürfen dieses Verhalten aber auf keinen Fall überinterpretieren, ein

überraschter Gesichtsausdruck beim Anblick einer
Person oder eines Objekts ist noch lange kein Beweis
für Unehrlichkeit.

25. Erweiterte Pupillen – Wenn wir uns behaglich
fühlen oder etwas (oder jemanden) mögen, dann
weiten sich unsere Pupillen. Wir haben keinen Einfluss darauf. Vergessen Sie nicht, dass ein plötzliches
Weiten der Pupillen in etwa so viel bedeutet wie »Ich
mag, was ich sehe«.

26. Verengte Pupillen – Unsere Pupillen ziehen sich
zusammen, wenn wir etwas sehen, das uns nicht ge-
fällt oder negative Gefühle in uns auslöst. Bei helleren
Augenfarben erkennt man leichter, wenn sich die Pupillen plötzlich zusammenziehen, sobald etwas Negatives aufgetaucht ist. Interessanterweise steuert unser
Gehirn diese Aktivität, um zu gewährleisten, dass unsere Augen in einer Gefahr möglichst scharf sehen (je
kleiner die Blende, desto größer die Tiefenschärfe).

27. Die Augenpartie zusammenziehen – Wenn wir
unter Stress stehen, aufgeregt sind oder negative Gefühle haben, spannen sich die Muskeln rund um die
Augen unwillkürlich an. Das spiegelt sich nicht unbedingt in den Pupillen wider, aber unser Gehirn sorgt
dafür, dass sich die umliegende Partie sofort zusam-
menzieht, sobald Sorge oder Zweifel aufkommen.
Viele Menschen zeigen dieses Verhalten aber auch,

wenn sie sich auf etwas konzentrieren. Es weist also lediglich darauf hin, dass da etwas zu beachten ist, mehr nicht.

28. Schielen – Schielen zeigt Missmut oder Beunruhigung an. Im Bezug auf schielende Augen können Sie an Clint Eastwood in seinen Italo-Western denken – Dinge laufen schief oder Unheil kündigt sich an. Bei manchen Menschen ist diese Reaktion sehr zuverlässig: Immer wenn sie etwas hören, das ihnen nicht zusagt, fangen sie an zu schielen.

29. Geschlossene Augen – Wenn es lange dauert, bis sich geschlossene Augen wieder öffnen, oder wenn sie sich plötzlich schließen und länger als üblich geschlossen bleiben, deutet dies auf Unbehagen hin. Es handelt sich um eine Form von »Abwehrgeste«, die Missfallen, Betroffenheit oder Besorgnis zum Ausdruck bringt. Lange Verzögerungen beim Öffnen der Augen geben ziemlich genau zu verstehen, dass sich die Person große Sorgen macht oder sich dagegen sträubt, den Tatsachen ins Auge zu blicken.

30. Augenflattern – Plötzliches Augenflattern deutet darauf hin, dass etwas nicht stimmt oder die Person mit etwas hadert (denken Sie nur an den Schauspieler Hugh Grant). Dieses Verhalten sieht man oft bei Menschen, die nach den richtigen Worten ringen oder nicht fassen können, was sie gerade gehört oder ge-

sehen haben. Dieses Verhalten kann allerdings leicht
fehlinterpretiert werden, wenn es zum normalen Ver-
haltensrepertoire einer Person gehört. Dann sollte es,
wie jedes Gewohnheitsmuster, außer Acht gelassen
werden – es sei denn, es hört plötzlich auf. Regelmäßig wiederkehrendes Verhalten dient der Beruhigung,
weshalb manche Menschen mit den Füßen wippen
oder sogar aufstehen und staubsaugen, wenn sie unter
Stress stehen – es ist der Wiederholungscharakter einer bestimmten Handlung, der das Gehirn beruhigt.

31. Die Augen bedecken – Ein plötzliches Bedecken
der Augen mit einer Hand oder einzelnen Fingern
ist ein Abwehrverhalten, das auf jeden Fall mit etwas
Negativem in Zusammenhang steht, zum Beispiel der
Wahrnehmung schlechter Nachrichten oder bedroh-
licher Informationen. Es deutet auch auf negative Gefühle hin, Sorgen oder mangelndes Selbstvertrauen.
Es lässt sich auch an Personen ausmachen, die dabei
ertappt werden, wie sie etwas Unrechtes tun.

**32. Die Augen geschlossen – mit Reiben des Nasen-
rückens:** Wenn jemand im Verhör die Augen schließt
und sich dabei gleichzeitig den Nasenrücken reibt,
zeigt er damit, dass er sich Sorgen macht oder Angst
hat. Es handelt sich dabei um ein kombiniertes Ab-
wehr- und Beruhigungsverhalten, das normalerweise mit negativen Gefühlen, Antipathie, Unsicherheit,
Sorge oder Nervosität einhergeht.

33. Weinen – Weinen dient der Beruhigung und ist zugleich eine wirkungsvolle Strategie, ein Gespräch aus der Bahn zu werfen. Vor allem Personen mit schauspielerischer oder Borderline-Persönlichkeit greifen gerne darauf zurück. Ein leicht beeinflussbarer Gesprächsführer läuft dabei Gefahr, in die Falle zu tappen und zum Statisten eines Schauspiels zu werden, das den Gesprächsfluss stört oder, schlimmer noch, als Ausdruck von Wahrheit gedeutet wird. Wenn Sie sich auf dieses Heulsusenspiel einlassen, fallen Sie Manipulationen zum Opfer.

34. Schiefer Blick – Einem schiefen Blick begegnen wir, wenn unser Gegenüber Zweifel hat, jemanden geringschätzt oder verachtet. Es ist ein universeller Blick, der Unglauben oder Ablehnung zum Ausdruck bringt.

35. Anhaltendes Starren – Das anhaltende Starren geht normalerweise mit Schweigen einher. Es weist darauf hin, dass die betreffende Person in Gedanken versunken ist und sich von jedem äußeren Reiz oder jeder Information abschottet (sie hört nicht zu, weil sie gerade Informationen verarbeitet). Ich habe dieses Verhalten oft bei Verdächtigen gesehen, denen gerade klar geworden ist, dass sie sich in einer ungünstigen Situation befinden. Normalerweise beschließen solche Individuen dann, dass es an der Zeit ist zu kooperieren oder sie verlangen nach einem Anwalt. Es passierte mir sogar einmal, dass ein Verdächtiger fast zehn Minuten lang vor sich hinstarrte, bevor er schließlich sagte: »Ja, es stimmt alles.«

36. Verstohlener Blick – Eine Person, die gerade verhört wird und andere Fragesteller im Raum verstohlen ansieht, will in der Regel herausfinden, ob man ihr Glauben schenkt. Sie hat gewöhnlich etwas zu verbergen. Ich habe dieses Verhalten bei Schuldigen gesehen, die wissen wollten, ob ihnen die anderen Fragesteller ihre Geschichte abgenommen hatten. Kinder tun dasselbe, um zu sehen, ob eines der Elternteile ihnen glaubt.

37. Aggressiver Blickkontakt – Ein aggressiver Blickkontakt ist nicht gleichbedeutend mit der Wahrheit. Psychopathen und andere gewohnheitsmäßige Lügner haben kein Problem damit, Ihnen geradewegs in die Augen zu sehen. Sie versuchen, Sie dadurch einzuschüchtern oder davon zu überzeugen, dass sie die Wahrheit sagen. Der aggressive, durchdringende Blick sagt gar nichts aus und dient nur dazu, andere zu beunruhigen oder aus dem Konzept zu bringen.

38. Nach Anerkennung heischender Blick – Ich habe im Laufe der Jahre bemerkt, dass Lügner dazu neigen, den Gesprächsführer genau zu betrachten, um zu sehen, ob dieser ihnen Glauben schenkt. Ich denke, das hat etwas mit der Tatsache zu tun, dass ehrliche Menschen selten in eine Verhörsituation geraten, während Lügner sich vergewissern müssen, dass man ihnen glaubt. Deshalb suchen sie ihre Gegenüber sehr genau nach Hinweisen der Anerkennung ab. Achten Sie darauf, sich nicht argwöhnisch zu verhalten, weil dann sowohl ehrliche als auch unehrliche Personen dieses Verhalten zeigen. Im Gegensatz zu Punkt 36 muss der Blick nicht verstohlen sein; der Gesprächspartner zeigt sehr offensichtlich, dass er Sie nach Zeichen der Anerkennung absucht.

39. Wegsehen – Wegsehen heißt noch lange nicht, dass die betreffende Person lügt. Vielmehr ist das Gegenteil der Fall: Forscher konnten belegen, dass die meisten Lügner häufiger Augenkontakt suchen als Menschen, die nichts zu verbergen haben. Es gibt viele Missverständnisse darüber, was ein Wegsehen zu bedeuten hat, aber was zählt, ist: Wegsehen ist NICHT gleichbedeutend mit einer Täuschungsabsicht. Viele Menschen müssen ihren Blick abwenden, um nachzudenken, und in manchen Kulturen, wie etwa bei US-Amerikanern hispanischer oder afrikanischer Herkunft, wird kleinen Kindern beigebracht, als Ausdruck von Reue und Demut zu Boden zu sehen, wenn sie gescholten werden oder es mit einer Autoritätsperson zu tun haben.

40. Das Gesicht widerwillig zeigen – Eine Person, die ihr Gesicht hinter ihren Händen verbirgt, wenn man ihr Fragen stellt, tut dies wahrscheinlich aus psychologischem Selbstschutz. Die Hände, mit denen sie ihr Gesicht verdeckt, dienen als Barriere und zeigen in letzter Instanz, dass sie sich vor etwas fürchtet und selbst nicht glaubt, was sie sagt. Sie hält die Hände auf Mundhöhe, bewegt sie nicht und lugt an ihnen vorbei, um Fragen zu beantworten wie »Besitzen Sie eine Schusswaffe?«.

41. Die Blinzelfrequenz steigt mit Stress an – Die meisten Menschen blinzeln öfter, sobald sie nervös oder angespannt sind oder unter Stress stehen. Jeder ist anders, aber im Durchschnitt blinzelt man je nach Lichtverhältnissen und Luftfeuchtigkeit sechs bis zwölf Mal pro Minute. Versuchen Sie, das Ausgangsverhalten der Person zu ermitteln, um plötzliche Verhaltensänderungen schneller auszumachen. Wiederholte Studien konnten nicht zeigen, dass Lügner häufiger blinzeln als ehrliche Menschen, dies gilt nur, wenn eine Person unter Stress steht.

42. Ein angespanntes Gesicht mit Augenbrauenzucken – Ein angespanntes Gesicht in Verbindung mit Augenbrauenzucken ist typisch für jemanden, dem schwant, dass er in Schwierigkeiten steckt. Man sieht dieses Verhalten oft bei Leuten, die plötzlich erkennen, dass ein Beweis vorliegt, der ihnen schaden kann, oder dass ein neuer Zeuge verfügbar ist. Diese Mimik weist Parallelen zu Punkt 24 auf, außer dass das Gesicht sehr angespannt und starr ist.

43. Zucken unter den Augen – Die kleinen Muskeln und das Gewebe direkt unter den Augen bzw. über den Wangenknochen reagieren bei manchen Menschen sehr empfindlich auf Stress. Wenn Sorgen, Zweifel oder Ängste bestehen, zittern oder zucken diese zarten Partien und offenbaren so den negativen emotionalen Zustand der betreffenden Person. Plötzliche Änderungen, beispielsweise wenn ein Komplize eine belastende Aussage macht, können diese Reaktion auslösen, die übrigens sehr zuverlässig ist, wenn sie völlig unvermittelt aus dem Nichts erscheint.

44. Unruhiger Blick – Augen, die sich hektisch hin und her bewegen, weisen normalerweise auf die Verarbeitung negativer Informationen hin. Überprüfen Sie, ob dieses Verhalten mit anderen mimischen Regungen wie einem angespannten Gesichtsausdruck oder dem Anziehen des Kinns (siehe Punkt 106) einhergeht, um Ihre Annahme zu bestätigen. Bedenken Sie, dass auch manche unschuldige Menschen unruhig umherblicken können, wenn sie eine Situation analysieren oder ihre Möglichkeiten abwägen.

45. Blick mit aufgerissenen, starren Augen – Augen, die länger als einen Moment aufgerissen bleiben, weisen normalerweise darauf hin, dass die Person unter Stress steht, überrascht ist oder ertappt bzw. einer Tat überführt wurde. Wenn die Augen länger als üblich aufgerissen bleiben, stimmt etwas nicht – es ist nie ein gutes Zeichen. Ich habe diesen Ausdruck oft gesehen, wenn ein Verdächtiger mit Informationen oder Bildern konfrontiert wurde, von denen er zuvor nichts wusste und die ihn mit einem Verbrechen in Verbindung brachten.

46. Die Augen berühren – Augenberührungen können eine Variante des Augenverdeckens sein. Ich habe diese Geste schon in Gesprächen gesehen, bei denen zwei Personen gleichzeitig befragt wurden; sobald die eine log, kratzte sich die andere am Lid oder bedeckte ihr Auge. Dieses Verhalten ist noch weitgehend unerforscht, aber in den Fällen, in denen ich es beobachten konnte, war es eigentlich immer ein zuverlässiges Anzeichen.

NASE

47. Verstohlenes Berühren der Nase – Jemand kann noch so flüchtig seinen Zeigefinger zur Beruhigung an der Nase reiben, es deutet auf Stress hin, den die Person zu kaschieren versucht. Diese heimlich eingestreute Geste dient der Stressbewältigung und ist normalerweise mit Anspannung und dem Bedürfnis verbunden, nach außen hin »alles ist bestens« vorzugeben. Halten Sie nach diesem Zeichen übungshalber einmal bei Führungskräften Ausschau, die es gewohnt sind, immer alles im Griff zu haben, aber dennoch unter hohem Stress stehen.

48. Bebende Nasenflügel – Dieses Verhalten zeigen wir normalerweise, wenn wir uns darauf vorbereiten, körperlich aktiv zu werden. Vorsicht! In der Regel ist das ein guter Indikator, dass gleich die Fetzen fliegen; vielleicht schlägt der Verhörte mit den Händen auf die Tischplatte, steht auf und rennt davon oder greift Sie an. Es kann aber auch ein Warnzeichen für sich langsam aufstauende Wut sein.

49. Die Nase rümpfen – Naserümpfen ist ein ziemlich verlässlicher Hinweis, der auf Missfallen oder

Unbehagen hindeutet. Verhörte oder Befragte ziehen die Nase nach oben, wenn sie den Gesprächsführer, die Situation oder das, was sie hören, nicht mögen. Es handelt sich auf jeden Fall um eine negative Reaktion, die sehr schnell erfolgen kann, aber extrem aussagekräftig ist. Sie müssen sich der Tatsache bewusst sein, dass manche Menschen ihre Nase nur einseitig rümpfen und manchmal dabei auch denselben Mundwinkel heben – die Bedeutung des Verhaltens bleibt gleich. Eine interessante Randnotiz: Schon drei Monate alte Babys fangen an, die »Nase zu rümpfen« (wenn sie etwa mit Essen gefüttert werden sollen, das sie nicht mögen), und das bleibt das ganze Leben lang so.

50. Die Nase berühren/massieren – Ganz gleich, wie beiläufig und flüchtig es auch sein mag, es handelt sich um eine Beruhigungsgeste. Man zeigt dieses Verhalten, wenn man über etwas nachdenkt, das gerade gesagt wird oder eben gesagt wurde und das einem wenig überzeugend scheint. Es ist kein direkter Hinweis auf Unaufrichtigkeit, gibt aber zu verstehen, dass man unter Stress steht, während man nachdenkt oder spricht. Weil manche Menschen diese Verhaltensweise gewohnheitsmäßig zeigen, sollten Sie sicherstellen, dass sie das nicht aus Langweile tun (d. h. sich die Nase streichen); genauso zupfen manche Leute an ihren Fingernägeln, wenn sie sich langweilen.

51. An der Oberlippenrinne spielen – Die Partie zwischen Oberlippe und Nase ist das sogenannte *Philtrum*. Viele Menschen zupfen, kratzen oder ziehen die Haut in diesem Bereich, wenn sie unter Stress stehen. Ich habe schon miterlebt, wie manche Leute unter starkem Stress recht heftig an ihrem *Philtrum* zogen – so sehr, dass die Zähne sichtbar wurden.

52. Zeigefinger an die Nase – Ruht der Zeigefinger eine Zeitlang unter der Nase oder am Nasenflügel, gilt das manchmal als Ausdruck für Nachdenklichkeit oder Besorgnis. Halten Sie nach anderen Hinweisen Ausschau, die Ihnen weiterhelfen. Dieses Verhalten unterscheidet sich vom verstohlenen Berühren oder Streichen der Nase, weil in diesem Fall die Finger über einen längeren Zeitraum dort verweilen.

53. Bedecken der Nase mit beiden Händen – Das plötzliche Bedecken der Nase und des Mundes mit beiden Händen steht in der Regel mit Schock, Überraschung, Unsicherheit, Angst, Zweifel oder Besorgnis in Zusammenhang. Dieses Verhalten hält manchmal über einen längeren Zeitraum an und kann plötzlich auftreten, wenn eine verhörte Person erkennt, dass sich für sie das Blatt zum Schlechten wendet.

54. Erhobene Nase – Viele Europäer sind im wahrsten Sinne des Wortes »hochnäsig«, wenn sie zuversichtlich oder empört sind oder wenn sie sich überlegen fühlen. Es ist ein kulturell bedingtes Verhalten, das manche Menschen häufiger zeigen als andere. Normalerweise sieht man diese Mimik, wenn der Verhörte in die Defensive gerät oder der Verhörende eine Äußerung falsch auffasst. Es ist auch ein Ausdruck von Überlegenheit, der manchmal zu Beginn eines Gesprächs bei Personen zu sehen ist, die einen hohen sozialen Status haben.

LIPPEN UND MUND

55. Fingerspitzen an die Lippen – Das Bedecken der Lippen mit den Fingern deutet auf Unsicherheit oder Zweifel hin. Halten Sie nach diesem Verhalten vor allem Ausschau, während der Verhörte eine Frage hört und sie verarbeitet, bevor er antwortet.

56. An den Lippen zupfen – An den Lippen zupfen oder ziehen wird normalerweise mit Angst, Zweifel, Sorge oder mangelndem Selbstvertrauen in Verbindung gebracht. Ignorieren Sie dieses Zeichen bei Menschen, die ein solches Verhalten ständig zeigen, weil sie damit nur zum Ausdruck bringen, dass sie sich langweilen. Bei jenen aber, die es selten tun, ist es in der Regel ein gutes Indiz dafür, dass etwas nicht stimmt oder dass sie ein Problem haben.

57. In die Lippen beißen – Beim Lippenbeißen handelt es sich um eine Beruhigungsgeste, man sieht sie normalerweise bei Menschen, die unter Stress stehen oder sich Sorgen machen. Übrigens beißen wir unter Stress auf unseren Lippen herum, weil wir unsere Daumen nicht mehr lutschen können (das regt die Nerven im Mund an). Wir bei-

ßen uns auch dann in unsere Lippen, wenn wir etwas sagen wollen, es aber nicht können oder sollten. Manchmal sieht man dieses Verhalten auch,
wenn jemand bereit ist, das Schweigen zu brechen.
In diesem Fall frage ich: »Haben Sie etwas zu sagen?« Achten Sie übrigens ebenfalls darauf, dass
wütende Menschen sich auch in ihre Lippen beißen, um sich zu zügeln.

58. Die Lippen lecken – Das Reiben der Zunge auf
den Lippen beruhigt uns auf dieselbe Weise wie das
Lippenkauen. Dieses Verhalten steht normalerweise mit Sorgen, Nervosität oder negativen Emotionen
in Verbindung; es kann aber auch sein, dass die Person einfach nur trockene Lippen hat, unterscheiden
Sie also sorgfältig. Bei manchen Personen ist es ein
sehr zuverlässiger Indikator dafür, dass sie sehr unter Stress stehen. Als Professor sehe ich dieses Verhalten ständig bei Studenten, die vor einer Prüfung stehen, auf die sie sich nicht gut genug vorbereitet haben. Ich habe das Verhalten auch in Gesprächen bei
Verdächtigen gesehen, die wissen, dass wir in einem
anderen Raum Komplizen verhören, und die Angst
vor der Aussage ihrer Mittäter haben.

59. Volle Lippen – Achten Sie auf die Größe und
die Fülle der Lippen Ihres Gesprächspartners. Unsere Lippen verändern sich nämlich je nach unserer
emotionalen Befindlichkeit. Sie werden klein, wenn

wir unter Stress stehen, und groß, wenn wir uns sehr wohl fühlen. Volle, weiche Lippen weisen grundsätzlich auf Behagen und Zufriedenheit hin.

60. Schmale Lippen – Das Verengen der Lippen ist stets mit negativen Gedanken, Sorgen, Ängsten, Nervosität und einem Mangel an Zuversicht verbunden.

61. Die Lippen einziehen – Wir ziehen unsere Lippen ein, wenn wir uns große Sorgen machen oder ängstlich sind. Achten Sie auf dieses Zeichen, wenn die Person unter großem Stress steht oder sich Sorgen macht. Sie zieht sie dann so weit ein, bis man die Lippen gar nicht mehr sehen kann. Dieses Verhalten unterscheidet sich stark von der nachfolgenden Lippenkompression, bei der man trotzdem noch viel von den Lippen sieht.

62. Lippen aufeinanderpressen – Presst jemand seine Lippen aufeinander, ist das ebenfalls ein sehr genauer Hinweis auf Stress oder Sorgen. Wenn Verhörte ihre Lippen aufeinanderpressen, signalisieren sie äußerlich, dass sie sich Sorgen machen, unter Stress stehen oder aus irgendeinem Grund nervös sind. Beim Aufeinanderpressen der Lippen werden die Lippen schmaler, sie üben Druck aufeinander aus. Verbrecher, die ein Geschäft überfallen wollen, pressen unmittelbar vor der Tat ihre Lippen zusammen, um Stress abzubauen.

63. Widerwille beim Entspannen der Lippen – Jemand, der im Verhör seine Lippen lange zusammengepresst hält und sie nur höchst widerwillig löst, bringt damit zum Ausdruck, dass er unter großem Stress steht oder sich Sorgen macht. Wenn eine Person ihre Lippen zusammenpresst, verschließt sie sich gewissermaßen vor äußeren Einflüssen. Unter Stress befiehlt unser Gehirn, sich von allem abzuschotten, weshalb wir unsere Lippen zusammendrücken und, wie weiter oben beschrieben, unsere Augen bedecken.

64. Lippenbeben – Wenn die Mundwinkel auch nur leicht zittern, und kein Alkohol konsumiert wurde oder neurologische Schäden vorliegen, ist das ein Hinweis für Unbehagen, Sorge, Angst oder Probleme. Junge Menschen, die zum ersten Mal verhört werden, haben oft bebende Lippen, ebenso auch ehrliche Menschen, die noch nie zuvor mit polizeilichen Ermittlern zu tun hatten. Ich sollte an dieser Stelle anmerken, dass Mitarbeiter der Personalabteilung ebenfalls die Beobachtung gemacht haben, dass manche Stellenbewerber dieses Verhalten zeigen, wenn ihnen die Frage gestellt wird, ob sie derzeit illegale Drogen konsumieren.

65. Hängende Mundwinkel – Wenn die Lippen zusammengepresst sind und die Mundwinkel nach unten zeigen, dann geht es der Person emotional gesehen richtig schlecht. Diese Mimik ist ein sehr guter Hinweis auf ein hohes Stressniveau oder großes Unbehagen. Es lässt sich nur schwer simulieren und ist somit sehr zuverlässig. Seien Sie jedoch auf der Hut, denn bei manchen Menschen zeigen die Mundwinkel immer nach unten, weshalb sie in diesem Fall keine Rolle spielen.

66. Sprachliche Fehlleistungen – Gesprächsführer und Wissenschaftler (vor allem Aldert Vrij) haben festgestellt, dass Lügner häufiger sprachlich danebengreifen und zögern als ehrliche Menschen. Hierzu zählen Laute wie »ähh«, »hmm« und Pausen beim Sprechen, die auf eine Täuschung hindeuten können. Seien Sie allerdings vorsichtig, weil auch ehrliche Menschen so sprechen, wenn sie damit ringen, das richtige Wort zu finden. Man sieht dieses Verhalten auch bei vielen Migranten und Zuwanderern, die Probleme haben, sich in der Fremdsprache auszudrücken.

67. Verzögert antworten – Verzögerte Antworten werden oft mit Lügen in Verbindung gebracht. Die Person versucht, Zeit zu gewinnen, während sie sich eine glaubwürdige Antwort zurechtlegt. Meiner Erfahrung nach ist dieser Hinweis allerdings nicht besonders zuverlässig, es sei denn, man kennt die Person gut und weiß, wie sie normalerweise reagiert. Es sollte außerdem darauf geachtet werden, dass das reifliche Abwägen einer komplexen, vielschichtigen Frage auch kulturell bedingt sein kann.

68. Husten – Wirkt zwar auf den ersten Blick eher nebensächlich, aber ich habe schon mehrere Personen verhört, die eine Frage unaufrichtig beantworteten bzw. logen und unmittelbar vor ihrer Antwort husteten oder sich räusperten. Sicherlich ist dieses Verhalten weder besonders wissenschaftlich untersucht noch universell gültig, aber in jenen Fällen, in denen es mir auffiel, war es ein zuverlässiger Hinweis.

69. Unterbrechungen und Einwände – Sind Verdächtige schuldig, versuchen sie unter Umständen, den Gesprächsverlauf mittels regelmäßiger Zwischenfragen und Einwände zu stören. Ich habe schon miterlebt, wie der Gesprächsführer teilweise so an der Nase herumgeführt wurde, dass am Ende das gesamte Gespräch für die Tonne war – der Ermittler hatte nichts in der Hand und der Verhörte sonnte sich in dem Triumph, auf nichts geantwortet zu haben.

70. Laut und kurz ausatmen – Ein lautes (also hörbares), kurzes, aber tiefes Ausatmen, bei dem die Lippen leicht geöffnet sind, weist auf hohen Stress oder große Frustration hin. Dieses Verhalten tritt auf, wenn jemand Dinge hört, die ihm unangenehm sind oder ihn mit einem Verbrechen in Verbindung bringen.

71. Mit aufgeblähten Wangen ausatmen – Mit geschürzten Lippen und aufgeblähten Wangen auszuatmen, deutet auf jeden Fall auf Stress hin. Es handelt sich um eine universelle Beruhigungsgeste, die dem Stressabbau dient und auf die die meisten von uns zurückgreifen, wenn wir einem Unfall um Haaresbreite entgangen sind. Ich habe schon viele Personen gesehen, die dieses Verhalten nach einem Verhör zeigten und mit ihren Aussagen davonkamen. Ich habe aber auch ehrliche Menschen gesehen, die einfach nur erleichtert waren, als das Gespräch zu Ende war – seien Sie also sehr vorsichtig. Ich überprüfe oft, ob die befragte Person anschließend lächelt oder schadenfroh dreinschaut.

72. Die Lippen schürzen – Wir schürzen unsere Lippen (in der Regel geradeheraus oder manchmal auch zur Seite hin), wenn wir mit etwas nicht einverstanden oder anderer Meinung sind. Man sieht dieses Verhalten oft, wenn eine befragte Person unseren Behauptungen nicht zustimmt oder wir als Gesprächsführer etwas sagen, von dem sie weiß, dass es nicht zutrifft. Man sieht es auch, wenn man etwas sagt, das dem Verhörten ganz grundsätzlich missfällt. In jedem Fall handelt es sich um ein Verhalten, das einer weiteren Klärung bedarf.

73. Die Zunge hervorschnellen lassen – Hierbei blitzt die Zunge schnell zwischen den Zähnen hervor, ohne dabei die Lippen zu berühren. Es bedeutet »Ich bin mit etwas davongekommen« oder »Mist, ich wurde erwischt«. Normalerweise sieht man dieses Verhalten, wenn jemand eine Aussage macht und der Ermittler ihm glaubt. Man sieht es auch, wenn jemand auf frischer Tat ertappt wird oder die betreffende Person sich selbst bei einem Fehler erwischt. Das kurzzeitige Herausstrecken der Zunge ist universell und verblüffend zuverlässig, ob man nun ein gutes Geschäft macht, eine bessere Note für sich herausschlägt, an der Kasse zu viel Wechselgeld erhält oder mit einer saftigen Lüge davonkommt.

74. Nervöses Lächeln – Ein nervöses oder angespanntes Lächeln zeigt Beunruhigung, Sorge oder Stress an. Es kommt im Rahmen der Wahrnehmungssteuerung am häufigsten vor, um nach außen hin den Eindruck zu vermitteln, alles sei in Ordnung. Wahrnehmungssteuerung umfasst alle Verhaltensweisen, die wir anwenden, um zu beeinflussen, wie andere uns sehen. Viele Schuldige machen regen Gebrauch davon.

75. Falsches Lächeln – Falsches Lächeln wird wie das nervöse Lächeln im Rahmen der Wahrnehmungssteuerung angewandt, um anderen das Gefühl zu vermitteln, alles sei bestens. Es sieht seltsam aus, weil manchmal nur eine Gesichtshälfte aktiv beteiligt ist und das Lächeln eher zu den Ohren als zu den Augen rutscht. Es sieht unecht aus und ist ein klares Zeichen für ein vorliegendes Problem oder mangelndes Selbstbewusstsein. Wenn wir uns souverän und zuversichtlich fühlen, ist unser Lächeln freundlich, entspannt und strahlt Zufriedenheit aus. Bei einem echten Lächeln zeichnen sich die Lachfältchen an den Augen ab und die Muskeln beider Gesichtshälften spannen sich gleichmäßig an.

76. Geräusche erzeugen – Mit den Lippen schmatzen, mit der Zunge schnalzen oder beim Ausatmen mit den Lippen prusten (kommt vor allem bei Männern vor) sind Beruhigungsgesten. Man sieht sie vor allem dann, wenn sich eine Person langweilt oder Stress abgebaut werden muss. Ich beobachte sie häufig, bevor ein Verhör beginnt oder wenn der Ermittler den Raum verlässt.

77. Nervöses Pfeifen – Gelegentlich sieht man, dass eine verhörte Person plötzlich zu pfeifen beginnt, um Stress abzubauen. Es handelt sich dabei um eine wirkungsvolle Beruhigungsgeste, auf die man oft zurückgreift, wenn man alleine in einer düsteren, zwielichtigen Gegend unterwegs ist. Man sieht dieses Verhalten vor allem, wenn die Person allein gelassen wird.

78. Trockener Mund – Stress, Angst und Sorge können dazu führen, dass unser Mund austrocknet. Das heißt nicht zwangsläufig, dass jemand lügt, sondern nur, dass die Person unter Stress steht. Ein trockener Mund führt übrigens dazu, dass der Speichel zähflüssig wird und am Mundwinkel haften bleibt.

79. Mit der Zunge über die Zähne fahren – Wenn jemand bei offenem oder geschlossenem Mund mit der Zunge über die Zähne oder den Gaumen fährt, versucht er in der Regel, Stress abzubauen. Manche Menschen wollen auf diese Weise nach einer Mahlzeit Speisereste entfernen, aber grundsätzlich gilt, dass die Person durch die wiederholte Bewegung und das Anfeuchten der Lippen Stress abbaut. Wenn der Mund geschlossen ist, kann man sehen, wie die Zunge unter den Lippen über die Zähne gleitet.

80. Die Zunge hin- und herbewegen – Manche Zeitgenossen bewegen ihre Zunge in nervöser oder besorgter Vorahnung von einem Mundwinkel zum anderen (was sich an den Wangen abzeichnet). Es handelt sich also auch hier um eine Strategie der Stressbewältigung. Die meisten Menschen glauben, dass dieses Verhalten unbemerkt bleibt – oder dass andere zumindest die Bedeutung dieser Geste nicht erkennen.

81. Resigniert ausatmen – Ein Verhalten, das sich zeigt, wenn wir etwas Wichtiges verpassen oder bei einer Tat erwischt werden. Es handelt sich dabei um ein sehr langes Ausatmen (1 bis 2 Sekunden), das im

Grunde sagt: »Die Show ist vorbei, ich bin erledigt, das war's.« Das Ausatmen ist hörbar, und normalerweise sieht man, wie sich die Brust kurz zuvor nach vorne wölbt. Außerdem sind die Lippen etwas stärker geschürzt und die Person wirkt resigniert.

82. Die Luft anhalten – Auch Lügendetektoren kennen dieses Phänomen; unter Stress halten Menschen den Atem an und müssen oft ausdrücklich dazu aufgefordert werden weiterzuatmen. Die Luft anzuhalten ist Teil der Reaktion Schockstarre, Flucht, Angriff, die ich in *Menschen lesen* ausführlich beschrieben habe. Wenn Sie sehen, wie jemand die Luft anhält, handelt es sich wahrscheinlich um eine Art von Angst oder Besorgnis, die vielleicht durch Täterwissen verursacht wird – oder aber durch das Verhör selbst. Seien Sie also auf der Hut.

83. Kaugummikauen – Kaugummikauen ist ein wirkungsvolles Beruhigungsmittel. Wenn Sie sehen, dass Ihr Gegenüber plötzlich schneller kaut, versucht es wahrscheinlich, sich zu beruhigen, weil es sich Sorgen macht oder nervös ist.

84. Mit den Fingernägeln gegen die Zähne schnippen – Es handelt sich um eine Strategie, die der Stressbewältigung dient. Zeigen Menschen dieses Verhalten wiederholt, versuchen sie, sich zu beruhigen, weil sie unter Stress stehen oder aus irgendeinem Grund nervös sind. Bedenken Sie jedoch, dass wie bei allen anderen wiederkehrenden Verhaltensweisen gilt: Wenn die Person permanent davon Gebrauch macht, schenken Sie ihr keine Beachtung, es sei denn, sie hört plötzlich damit auf.

85. Mundwinkel spannt sich an oder zieht aufwärts – Selbst wenn dieses Verhalten nur ansatzweise zu sehen ist, zeigt es, dass die Person unter Stress steht oder besorgt ist. Es handelt sich dabei um eine sogenannte »Mikrogeste« (vgl. Paul Ekman), die zuverlässig unterdrückte Gefühle offenbart, vor allem negative Emotionen.

86. Mit der Zunge über die Oberlippe fahren – Einige Menschen bringen ihre positiven Gefühle zum Ausdruck, indem sie an ihrer Oberlippe lecken (die Zunge fährt nur über die Oberlippe). Weil die Zunge aufwärts strebt und somit der Schwerkraft entgegenwirkt, steht dieses Verhalten höchstwahrscheinlich mit positiven Gefühlen in Verbindung. Es unterscheidet sich vom normalen Lippenlecken, das an der Unterlippe ausgeführt wird und das eher der Stressbewältigung dient. Wie immer bestätigen auch hier Ausnahmen die Regel: Manche Menschen versuchen auch, mit dem Lecken der Oberlippe Stress abzubauen; halten Sie also nach weiteren Verhaltensweisen Ausschau, die Ihre Annahme bestätigen.

87. Durch die Mundwinkel Luft einziehen – Bei diesem Verhalten öffnet man die Mundwinkel leicht und atmet die Luft schnell ein, wodurch ein hörbares Sauggeräusch entsteht. Dieses Verhalten wird sowohl visuell als auch auditiv wahrgenommen und ist extrem zuverlässig. Mit großer Wahrscheinlichkeit deutet es auf Angst, Sorge oder Nervosität hin. Wenn jemand dieses Verhalten zeigt, kann man förmlich hören, was er gerade denkt: »Autsch, das tut weh.« Die Tatsache, dass der Großteil des Mundes geschlossen bleibt und die Bewegung der Lippen eingeschränkt ist, ist ein klarer Ausdruck für Stress.

88. Tonlage – Wenn wir nervös sind, neigen wir dazu, in einer höheren Tonlage zu sprechen. Achten Sie also in Gesprächssituationen darauf, ob die Stimme der befragten Person höher oder brüchig wird, wenn sie unter Stress steht. Es handelt sich dabei um ein Zeichen von Unsicherheit, Stress oder Sorge, das auf eine Anspannung der Stimmbänder zurückzuführen ist. Bedenken Sie jedoch, dass die Umgebung, in der das Gespräch stattfindet (bzw. das Gespräch selbst) auch bei Unschuldigen Stress verursachen kann, deshalb ist der Tonfall allein noch kein zuverlässiges Indiz für eine Täuschungsabsicht, sondern lediglich ein Hinweis, dass die Person unter Stress steht. Allerdings wurde folgendes Phänomen bereits durch Studien bestätigt: Wenn man Lügnern und ehrlichen Menschen lediglich zuhört, also keine optischen Hinweise erhält, fallen Lügner allein durch die Spannung in der Stimme auf. Es liegt an Ihnen herauszufinden, was diese Unruhe verursacht.

WANGEN UND KIEFER

89. Schadenfreude – Einen höhnisch-triumphalen Blick sieht man vor allem bei Leuten, die mit etwas davongekommen oder siegreich aus einem Wortgefecht hervorgegangen sind. In vielerlei Hinsicht ähnelt er der Verachtung. Andererseits sieht man Schadenfreude aber auch bei ehrlichen Menschen, die einem Fragesteller schlagfertig begegnet sind oder ihm verbal eins ausgewischt haben.

90. Plötzliche Gesichtszuckungen – Plötzliche Gesichtszuckungen können überall auftreten (Wange, Mundwinkel, Augen usw.) und im Einzelfall sehr unterschiedlich sein. Wenn Sie plötzlich ein nervöses Zucken sehen, wird dies normalerweise durch Anspannung oder Nervosität verursacht – wahrscheinlich steht die Person unter Stress, oder sie ist nervös, und ihr Gesicht zeigt ganz genau an, wie sie sich fühlt.

91. Zunge in der Wange – Die Zunge fest gegen die Wange zu drücken und dort zu halten, dient dem Abbau von innerer Anspannung. Man sieht dieses Verhalten meist bei Personen, die sich Sorgen oder Gedanken machen.

92. Sprachliche Fehlleistung – Es wäre unverant-
wortlich, an dieser Stelle die Freud'schen Versprecher
nicht zu erwähnen. Auch wenn es sich hierbei um
verbale – und nicht um nonverbale – Zeichen handelt, gibt es Situationen, in denen Menschen verse-
hentlich die Wahrheit sagen, obwohl sie versuchen,
selbige zu verbergen – und zwar, weil sie so sehr unter
Stress stehen, dass sie nicht mehr klar denken können.

93. Finger tief in die Wange bohren – Manche Leute
drücken oder pressen ihren Finger tief in die Wange,
um eine Empfindung hervorzurufen, die dabei hilft,
Stress zu lindern. Manchmal wird der Finger sogar
sehr tief in die Wange gebohrt. Man sieht dieses Verhalten meist in Verhören, wenn der Verdächtige etwa
gerade erfährt, in welchen Schwierigkeiten er tatsächlich steckt. Oder wenn man ihm unerwartet einen Beweis vorlegt.

94. Die Wange oder das Gesicht massieren – Eine
gute Strategie, die der Stressbewältigung dient. Normalerweise handelt es sich um eine sehr sachte oder
unscheinbare Berührung, die auch bedeuten kann,
dass die betreffende Person gerade ihren nächsten
Schritt überlegt. Für eine akkurate Interpretation
dieses Verhaltens muss man auch die anderen mimischen und gestischen Äußerungen berücksichti-
gen.

95. Den Kiefer anspannen – Dieses Verhalten zeigen wir, wenn wir wütend oder aufgeregt sind oder uns vor etwas fürchten. Halten Sie nach diesem Zeichen Ausschau, wenn der Gesprächspartner unter Stress steht oder aggressiv wird.

96. Ober- und Unterkiefer hin- und herschieben – Eine wirksame Beruhigungsgeste, die Anspannungen löst. Indem man Ober- und Unterkiefer hin- und herschiebt, baut man Spannungen und Stress ab. Manche Menschen tun dies allerdings ständig, weil sie sich langweilen, achten Sie also auf die Begleitumstände und darauf, wie oft es vorkommt und ob es im Widerspruch zu anderen Verhaltensweisen steht.

97. Mit den Fingern gegen die Wangen trommeln – Dies sieht man häufig, wenn sich jemand langweilt oder ihm etwas nicht schnell genug geht. Gleichen Sie dieses Verhalten mit anderen nonverbalen Zeichen ab, beispielsweise mit dem Fingertrommeln auf der Tischplatte, das aufgrund der ständigen, rhythmischen Wiederholung auch die Funktion einer Beruhigungsgeste erfüllt.

98. Die Wangen aufblähen – Das Wangenblähen ohne auszuatmen erfolgt oft, wenn die betreffende Person Zweifel hat, Gedanken abwägt oder nervös ist. Man sieht dieses Verhalten oft, wenn jemand besorgt ist oder nicht recht weiß, was er als Nächstes tun soll.

99. Die Wange unauffällig berühren – Eine Beruhigungsgeste, bei der man (wenn auch nur leicht) den Zeigefinger an der Wange reibt. Es handelt sich dabei um einen Hinweis auf Stress, der allerdings nur sehr subtil erfolgt, um nach außen hin den Anschein von Gefasstheit zu wahren. Wenn jemand versucht, eine Beruhigungsgeste unbemerkt anzubringen, indem er seine Nase flüchtig berührt (siehe Punkt 47), will er die Tatsache verschleiern, dass er unsicher, nervös oder besorgt ist. Souveräne und selbstbewusste Zeitgenossen haben das nicht nötig.

100. Sich an der Wange kratzen – Ebenfalls eine Beruhigungsgeste bzw. Strategie, um Zweifeln und Unwägbarkeiten beizukommen. Sie ist auffälliger als die eben beschriebene, kaum merkliche Berührung, die allerdings aufgrund ihrer Heimlichkeit etwas zuverlässiger zu sein scheint. Dennoch deutet das Kratzen an der Wange mit allen vier Fingern normalerweise auf Zweifel, Zögern oder Besorgnis hin.

101. Die Mundwinkel und Wange zusammenkneifen – Das Zusammenkneifen der Mundwinkel mit den Fingern ist auch eine Methode der Stressbewältigung, die selten erfolgt, wenn man zufrieden und entspannt ist.

102. Kiefermuskeln, die pulsieren – Kiefermuskeln, die beben oder sich anspannen und hervortreten, weisen auf Anspannung, Sorgen, Wut oder Probleme hin.

103. Gähnen – Ob Sie es glauben oder nicht: Gähnen ist eine hervorragende Beruhigungsgeste, weil sie aufgestauten Stress abzubauen vermag. Achten Sie darauf, wenn jemand zum ersten Mal verhaftet oder verhört wird. Es erscheint zwar seltsam, aber Gähnen ist in der Tat ein hilfreiches Stresslinderungsmittel. Außerdem hilft es auch dabei, den Mund zu befeuchten, wenn er trocken ist, da durch das weite Öffnen des Mundes Druck auf die Speicheldrüsen ausgeübt wird.

KINN

104. Das Kinn vorschieben – Wenn man das Kinn nach vorne und oben schiebt, vermittelt das Selbstbewusstsein. Dies trifft kulturell bedingt vor allem auf Europäer (Deutsche, Franzosen, Belgier, Russen, Italiener usw.) zu, allerdings sieht man diesen Ausdruck auch bei narzisstisch veranlagten, arroganten Menschen. Beziehen Sie bei der Bewertung dieser mimischen Regung also auch alle anderen beobachteten Verhaltensweisen in Ihre Betrachtung mit ein.

105. Das Kinn herunterfallen lassen – Das Gegenteil zum nach vorne geschobenen Kinn. Wenn das Kinn plötzlich auf eine Frage hin nach unten fällt, mangelt es der Person wahrscheinlich an Selbstbewusstsein oder sie fühlt sich bedroht. Bei manchen Menschen ist das ein sehr zuverlässiges Indiz; wenn sie schlechte Nachrichten hören, fällt ihr Kinn im wahrsten Sinne des Wortes eine Etage tiefer. Es gibt auch die Redewendung, dass jemandem »die Kinnlade herunterfällt«; dabei handelt es sich um eine etwas deutlichere Variante des nach unten zeigenden Kinns.

106. Das Kinn anziehen – Diese Geste führen wir aus, wenn wir uns Sorgen machen oder nervös sind. In bedrohlichen Situationen machen wir uns klein und ziehen somit das Kinn instinktiv nah zum Körper (die Natur schützt so lebenswichtige Organe). Dies ist ein hervorragendes Anzeichen für Unsicherheit, Zweifel und sogar Angst. Wenn Sie dieses Verhalten nach einer Frage beobachten, können Sie sicher sein, dass hier ein ernstes Problem vorliegt.

107. Das Kinn berühren – Wir berühren unser Kinn, wenn wir nachdenken oder etwas abwägen. Hierfür verwenden wir normalerweise die Fingerspitzen. Nicht notwendigerweise ein Zeichen für Zweifel, aber etwas, worauf man achten sollte, während jemand Informationen verarbeitet. Wenn die betreffende Person über etwas Negatives oder eine Alternative nachdenkt, zeigen sich zusätzlich weitere auffällige Verhaltensweisen.

108. Gelangweilt – Wenn jemand sein Kinn auf eine Hand stützt, während seine Gesichtsmuskeln entspannt sind, weist das darauf hin, dass er sich langweilt. Die Deutung dieses Verhaltens hängt stark von den äußeren Umständen ab. In einem kriminalistischen Umfeld konnte ich schon miterleben, wie Schuldige dieses Verhalten zur Wahrnehmungssteuerung einsetzten, als sie allein in einem Raum saßen und warteten. Ich habe noch nie gesehen, dass sich

vor einem Verhör ein Unschuldiger so verhielt, aber
es kann durchaus Ausnahmen geben. Bedenken Sie
auch, dass diese Verhaltensweise für Sie ein Finger-
zeig sein sollte, der auf ein Problem hindeutet, kei-
nesfalls aber mit Täuschung oder Täterwissen gleich-
gesetzt werden darf.

109. Das Kinn verschieben – Das Hin- und Herschieben des Kinns mit der Hand ist ein unbewuss-
ter Ausdruck dafür, dass die betreffende Person anderer Meinung ist. Ich habe gesehen, wie Verdächtige dieses Verhalten zeigten, als sie mit einer Information konfrontiert wurden, die sie mit einem Verbrechen in Zusammenhang brachte. Ich habe es aber
auch schon beobachtet, wenn ein durchaus ehrlicher
Mensch eine Meinung des Fragestellers nicht teilte.
Ich erwähne die Geste an dieser Stelle nur, um Sie dafür zu sensibilisieren.

110. Streichen des Barts/Schnurrbarts – Das Streichen des Barts eignet sich hervorragend, um Zeit
verstreichen zu lassen (es wirkt nämlich beruhigend)
und Stress abzubauen. Wie bei jedem wiederholt auftretenden Verhalten kann man es ignorieren, sofern
es ständig ausgeführt wird. Wenn man es plötzlich
und erstmalig sieht oder wenn das Verhalten nach
einer Frage häufiger gezeigt wird, bedeutet das, dass
die Person unter stärkerem Stress leidet oder nervöser wird. Man sieht diese Geste oft bei Männern, die

aus dem Nahen Osten stammen und sich miteinander unterhalten.

111. Muskelzittern am Kinn – Muskelzittern am Kinn, das plötzlich eintritt, deutet auf Angst, Sorge oder Nervosität hin. Es ist häufig bei Individuen anzutreffen, die den Tränen nahe sind.

112. Kinn an die Schulter – Geben Sie acht bei Personen, die ihr gesenktes Kinn zur hochgezogenen (linken oder rechten, normalerweise aber linken) Schulter drehen, während sie eine Frage beantworten. Jedes Mal, wenn ich dieses Verhalten gesehen habe, log, spekulierte oder äußerte die betreffende Person vage Behauptungen. Dieses Verhalten sieht seltsam aus, weil ein direkter Blickkontakt vermieden wird. Das Hochziehen der Schulter (mehr dazu weiter hinten im Buch) und das Wegdrehen des Gesichts stellen Abstand her. Ich habe es häufig bei Männern, Frauen und besonders Kindern beobachtet.

HALS

113. Den Hals berühren – Jegliche Halsberührung deutet stets auf Besorgnis, Stress oder psychologisches Unbehagen hin. Wenn wir uns gerade nicht kratzen, weil uns an der Stelle ein Juckreiz plagt (auch eine Form von Unbehagen), ist das Berühren des Halses ein zuverlässiger Hinweis auf Unsicherheit, Besorgnis oder ein Problem. Ganz gleich, wie flüchtig und sachte ausgeführt, wir berühren unseren Hals in der Regel nur, wenn uns etwas stört. Achten Sie also auf leichte Berührungen seitlich am Hals in beide Richtungen, um herauszufinden, ob sich die betreffende Person gerade in ihrer Haut unwohl fühlt.

114. Eine pulsierende Halsschlagader – Pulsierende Adern am Hals deuten auf Stress, Angst oder Nervosität hin. Wenn wir Angst haben oder wütend sind, sehen wir oft, wie die Halsschlagader deutlich sichtbar hervortritt.

115. Die Halsgrube bedecken – Das Berühren oder Bedecken der Halsgrube (der Einbuchtung zwischen dem Adamsapfel und dem Brustbein) deutet auf Sorge, ein Problem, Angst, Unsicherheit oder Furchtsamkeit hin. Frauen neigen häufiger als Männer dazu, diesen Bereich leicht zu berühren. Männer hingegen fassen ihren Nacken oder Hals fester an; oder sie bedecken diesen Bereich mit der Hand, indem sie die Krawatte oder ihren Kragen richten. In jedem Fall weist das Bedecken dieser verletzlichen Körperstelle darauf hin, dass die Person etwas stört.

116. Mit der Halskette spielen – Mit der Halskette zu spielen dient bei Frauen demselben Zweck wie das Bedecken der Halsgrube mit der Hand. Man schützt diesen Bereich und baut durch den immer gleichen Bewegungsablauf Stress ab.

117. Hautflecken – Sieht man normalerweise eher bei Frauen. Manche Stellen am Hals röten sich durch das Reiben oder Spielen mit einer Halskette. Ich habe oft gesehen, wie Frauen mit geröteter Haut zu einem Verhör erschienen – sie hatten sich zuvor große Sorgen deswegen gemacht. Im Berufsleben sollten Sie vor einem Bewerbungsgespräch nach diesem Zeichen Ausschau halten.

118. Den Nacken massieren – Den Nacken massieren, ob seitlich oder weiter hinten, dient dem Stressabbau. Man könnte annehmen, dass dieses Verhalten offensichtlich ist, aber den meisten Menschen entgeht die Bedeutung dieser Geste, weil sie nicht erkennen, dass wir sie normalerweise nur dann zeigen, wenn uns etwas stört.

119. An der Haut zupfen – Manche Männer beruhigen sich, indem sie die dicken Hautfalten unter dem Kinn massieren. Es kann durchaus vorkommen, dass eine Person auch sehr heftig an dieser Partie zieht, wenn sie unter großem Stress steht.

120. Sich Luft zufächeln – Wenn man seinen Hemdkragen wegzieht, damit Luft an den Hals gelangen kann, baut das hervorragend Stress ab. Verdächtige tun dies regelmäßig, wenn das Verhör wirklich anstrengend wird oder das Thema des Gesprächs ihnen nicht zusagt. Es ist ein zuverlässiges Zeichen für Unbehagen.

121. Die Faust am Hals – Die Faust am Hals dient demselben Zweck wie das Bedecken der Halsgrube. Es ist eine automatisch ablaufende Reaktion auf Bedrohungen, Ängste und Sorgen. Vor allem Männer zeigen dieses Verhalten, aber ich habe auch schon Frauen dabei gesehen, die unter großem Stress standen oder sich Sorgen machten. Die meisten Menschen halten die Faust für ein Symbol der Stärke, obwohl es eigentlich ein Zeichen für eine wahrgenommene Bedrohung ist.

122. Schwer schlucken – Ein schweres Schlucken ist gut sichtbar und manchmal auch hörbar. Es ist eine

sehr zuverlässige und spontane Reaktion auf etwas
Widerwärtiges, Gefährliches oder extrem Belasten-
des.

123. Den Nacken dehnen – Den Nacken dehnen
oder Knackgeräusche verursachen, indem man kreis-
förmige Bewegung ausführt, löst Stress und beruhigt.
Halten Sie nach diesem Verhalten Ausschau, wenn
eine verhörte Person eine Frage beantwortet – oft hat
diese soeben eine Lüge in den Raum gestellt und versucht, den damit verbundenen Stress abzubauen.

124. Erröten von Hals und Gesicht – Das Erröten
von Hals und Gesicht kann nicht kontrolliert werden.
Viele Menschen werden rot, wenn sie lügen, sich bedroht oder unsicher fühlen. Achten Sie darauf, um zu
erfahren, ob die betreffende Person etwas stört. Vergessen Sie aber nicht, dass man auch errötet, wenn
man sich schämt oder peinlich berührt ist.

125. Springender Adamsapfel – Wenn der Adamsapfel plötzlich nach oben springt, ist es sehr wahrscheinlich, dass die betreffende Person gerade etwas
Beunruhigendes oder Beängstigendes gehört hat.
Man sieht dieses Verhalten bei großem Stress oder
wenn sich jemand bedroht fühlt – diese Reaktion
lässt sich nicht kontrollieren und tritt normalerweise
nur dann auf, wenn eine Person unvermittelt mit etwas extrem Negativem konfrontiert wird.

126. Steifer Nacken – Jemand, der aufmerksam zuhört und sich dabei wohlfühlt, neigt seinen Kopf zur
Seite. Sobald jemand aber durch Worte oder Taten
Unbehagen in uns verursacht, wird unser Hals steif
und unbeweglich. Das Gleiche gilt, wenn wir uns
durch Informationen bedroht fühlen. Dieses Verhalten gibt Auskunft darüber, ob eine Frage eine unangenehme oder bedrohliche Wirkung auf den Gesprächspartner hat.

SCHULTERN

127. Eine Schulter hochziehen – Ist eine Schulter in Richtung Ohr hochgezogen, handelt es sich normalerweise um ein Zeichen für Unsicherheit oder Zweifel. Es steht für Zögern, Sorgen und mangelndes Selbstvertrauen. Wenn jemand eine Frage beantwortet und dabei eine Schulter hochgezogen hat, ist es sehr wahrscheinlich, dass die Person selbst nicht von dem überzeugt ist, was sie sagt. Dieses Verhalten ist sehr zuverlässig, vor allem wenn man es in Zusammenhang mit einer Behauptung beobachtet (mehr dazu in Punkt 156).

128. Hohe Schultern – Werden beide Schultern hochgezogen, deutet dies auf Unsicherheit oder Zweifel hin. Es ist der »Schildkröteneffekt«, den ich bereits in *Menschen lesen* beschrieben habe. Die betreffende Person versucht im Grunde, sich auf freier Flur zu verstecken. Manche Verhörte setzen sich auf beide Hände, wodurch ihre Schulter sich automatisch heben und ihre Unsicherheit nach außen sichtbar machen. Hohe Schultern sind kein Zeichen von Selbstsicherheit. Sie zeigen normalerweise an, dass man etwas nicht weiß, etwa wenn man mit der Frage konfrontiert wird »Wissen Sie, wohin sie geflohen sind?« und beide Schultern reflexartig hochschießen und somit ein »Ich weiß nicht!« zu verstehen geben.

129. Immer tiefer in den Stuhl sinken – Verhörte Personen, die im Laufe des Gesprächs immer tiefer in ihren Stuhl sinken, zeigen damit mangelndes Selbstvertrauen und Besorgnis an. Bei manchen Menschen, deren Körperhaltung stark von ihrer emotionalen Befindlichkeit gesteuert wird, ist dieses Verhalten ein sehr zuverlässiges Indiz. Es zeigt, dass das Gewicht einer Äußerung sie im wahrsten Sinne des Wortes zu Boden drückt. Seien Sie sich jedoch der Tatsache bewusst, dass auch unschuldige Jugendliche und Senioren dazu neigen.

130. Die Schulter/das Schlüsselbein reiben – Es kann passieren, dass sich jemand, der verhört wird und unter Stress steht, an die Brust greift und mit der Hand die Schulter der Gegenseite herunterdrückt, bevor die Hand schräg nach unten zum Schlüsselbein und von dort quer vor die Brust wandert. Manchmal bleibt die Hand im Brustbereich liegen oder der Bewegungsablauf wiederholt sich.

BRUST UND BAUCH

131. Sichtbares Heben und Senken des Brustkorbs – schnelles Atmen – Sichtbares Heben und Senken des Brustkorbs und schnelles Atmen deuten normalerweise auf Stress, Sorge, Angst und Bedenken hin.

132. Kurzatmigkeit – Kurzatmigkeit deutet auf Stress oder Nervosität hin. Achten Sie darauf, ob dieses Verhalten unmittelbar nach einer Frage eintritt oder sobald die verhörte Person eine besonders brisante Frage beantwortet.

133. Auf den Brustbereich drücken – In Stresssituationen kann es helfen, mit Daumen und Mittelfinger (manchmal auch allen Fingern) auf den Brustbereich zu drücken, um Stress abzubauen. Dies kann sehr sachte oder recht energisch erfolgen, in letzterem Fall fällt es dem Beobachter deutlicher auf.

134. Mit Daumen und Fingern massieren – Ein wiederholtes Massieren des oberen Brustbereichs mit Daumen und übrigen Fingern ist normalerweise ein deutliches Zeichen für Unsicherheit, Sorgen, Probleme oder Nervosität. Man spreizt dabei Finger und

Daumen klauenartig und bewegt die Hand quer über die Brust. Dieses Verhalten ist ein sehr zuverlässiges Indiz für Anspannung oder Angst.

135. Mit der Handfläche auf die Brust drücken – In vielen Kulturen legen Menschen die Handfläche auf die Brust, um zu zeigen, dass sie aufrichtig sind. Ich habe dieses Verhalten sowohl bei ehrlichen als auch bei unehrlichen Menschen gesehen. Allerdings habe ich auch schon festgestellt, dass ehrliche Menschen dazu neigen, dieses Verhalten energischer zu zeigen, d. h. mit gespreizten Fingern und der ganzen Handfläche, während jemand, der eine Täuschungsabsicht verfolgt, eher dazu neigt, nur die Fingerspitzen zu benutzen (eine Form von Distanzverhalten), und nicht besonders viel Druck ausübt. Man sollte diese Geste zur Kenntnis nehmen, sie gilt für sich allein genommen aber nicht als Zeichen für eine Täuschung.

136. Sich mit dem Hemd Luft zuwedeln – Ein Ziehen an der Vorderseite des Hemdes kühlt den Träger mit Luft ab. Dieses Verhalten kann nur wenige Sekunden anhalten oder wiederholt auftreten und dient, wie die meisten anderen Ventilationsgesten, dem Stressabbau. Es ist ein gutes Indiz dafür, dass etwas nicht stimmt. In heißen Gegenden (ob in einem stickigen Raum oder bei sengender Sonne) kann man natürlich auch Ventilationsgesten sehen, die eher auf

das durch die Hitze verursachte Unbehagen zurückzuführen sind, weniger auf psychischen Stress.

137. Mit dem Reißverschluss spielen – An einem
Kapuzenpullover, Hemd oder einer Jacke mit dem
Reißverschluss zu spielen, ist eine Beruhigungsgeste.
Normalerweise zeigen Personen, die in Kürze verhört
werden sollen, ein derartiges Verhalten.

138. Vor der Brust verschränkte Arme – Manche Menschen fühlen sich mit verschränkten Armen sehr wohl,
aber in dem Moment, in dem der Stress zunimmt,
spannen sich die Arme an und greifen fest zu. Das Verschränken der Arme wird oft irrigerweise als Abwehrgeste gedeutet, was aber nicht der Fall ist. Wir kreuzen
die Arme normalerweise, um uns zu beruhigen. Aus
diesem Grund sieht man diese Geste in der Öffentlich-
keit häufiger als in einem vertrauten, privaten Umfeld
(zu Hause kommt sie in der Regel fast nicht vor).

139. Plötzliches Weglehnen – Wir distanzieren uns
normalerweise von Dingen, die wir nicht mögen.
Deswegen halten wir schmutzige Windeln oft am
ausgestreckten Arm von uns, auch wenn sie uns nicht
wirklich schaden können. Personen, die verhört werden, nehmen unbewusst von dem Tisch oder dem
Fragesteller Abstand, wenn sie sich durch eine Äußerung oder eine Beweislast bedroht fühlen oder mit einem Bild des Tatorts konfrontiert werden.

140. Wegdrehen – Wegdrehen, auch als »Abstreiten mit dem Bauch« bekannt, findet statt, wenn ein unangenehmes Thema zur Sprache kommt und die verhörte Person sich unbewusst vom Gesprächsführer wegdreht, um Distanz zu schaffen und sich psychologisch zu schützen.

141. Schwangere Frau bedeckt ihren Bauch – Frauen bedecken oft die Halsgrube, wenn sie sich Sorgen machen oder sich unsicher fühlen. Bei Schwangeren habe ich aber schon gesehen, wie die Hand sich bereits zum Hals bewegt, dann aber schnell nach unten wandert, um den Bauch zu bedecken, anscheinend, um den Fötus zu schützen. Ich habe dieses Verhalten schon oft genug beobachtet, um sagen zu können, dass dies ein Ausdruck von Besorgnis oder Unsicherheit ist. Normalerweise zeigt sich dieses Verhalten, während oder nachdem die betreffende Person in einem kriminalistischen Umfeld eine Lüge äußert.

142. Den Bauch reiben – Ähnelt dem Bedecken des Bauchs, schwangere Frauen reiben sich oft den Bauch, und zwar immer wieder. Wie bei jedem wiederkehrenden Verhalten handelt es sich hierbei um eine Beruhigungsgeste. Ich sollte anmerken, dass diese, genau wie die beiden vorangegangenen Gesten, zum ersten Mal im Zusammenhang mit behördlichen Ermittlungen aufgeführt werden. Offenbar reiben sich schwangere Frauen ständig ihren Bauch, auch wenn ihnen keine Frage gestellt wird oder sie unschuldig sind. Zeigt sich das Verhalten jedoch nach einer Frage, sollten Sie diesem Umstand Beachtung schenken.

143. Den anderen Arm massieren – Viele Menschen finden es bequem, die Arme vor der Brust zu verschränken. Einige Personen neigen jedoch dazu, den gegenüberliegenden Arm oder die Schulter zu massieren, wenn sie unter Stress stehen oder besorgt sind. Dieses Verhalten fällt vor allem auf, wenn sie an einem Tisch sitzen und sich mit den Ellbogen auf der Tischplatte abstützen, aber ich habe es auch schon bei einem Mann gesehen, der sich auf einem Stuhl sitzend quasi selbst umarmte und dabei seine Arme massierte.

144. Sich selbst umarmen – Sich selbst zu umarmen ist eine effektive Art, Stress und Unsicherheit zu bewältigen. Man sieht es meist bei jungen Menschen und Frauen, die verhört werden. Dieses Verhalten unterscheidet sich vom vorangegangenen Punkt, weil hier nicht massiert, sondern nur umarmt wird.

145. Stark schwitzen – Jemand, der unter hohem Stress steht, kann plötzlich stark zu schwitzen beginnen, weil sein Körper versucht, sich durch Verdunstung abzukühlen. Viele Drogenkuriere wurden an der Grenze abgefangen, weil sie die Einzigen waren, bei denen sich unter den Achseln Schweißringe bildeten und der Hals feucht glänzte. Achten Sie vor allem bei jenen Personen darauf, die etwas zu verbergen haben, möglicherweise über Täterwissen verfügen oder Informationen vorenthalten.

HÄNDE

146. Hände in die Hüften, Daumen nach hinten und aufgestellte Ellbogen – Hier handelt es sich um ein Zeichen für Dominanz. Man sieht dieses Verhalten normalerweise, wenn eine befragte Person steht und sich mit dem Fragesteller auf Machtspiele einlässt. Oder wenn ein Problem vorliegt, über das sie sich aufregt.

147. Hände in die Hüften, Daumen nach vorne – Diese Geste ist eher ein Zeichen von Neugier und weicht vom vorigen Punkt in nur einem kleinen, aber wichtigen Detail ab. Wenn Zeugen stehen und sich einen Tatort oder Bilder von einem Verbrechen ansehen, nehmen sie diese Pose oft ein, weil sie neugierig sind. Verdächtige hingegen, die sich durch den Tatort bedroht fühlen, neigen dazu, die Daumen nach hinten zeigen zu lassen (siehe Punkt 146).

148. Sich vom Tisch wegdrücken – Ein Arm, der plötzlich steif wird und sich vom Tisch wegdrückt, gibt deutlich zu verstehen, dass die Person sich sehr von etwas bedroht fühlt, das soeben gesagt, offenbart oder gezeigt wurde. Manchmal erfolgt diese

Geste langsam und allmählich, was man durchaus zur Kenntnis nehmen sollte, aber wenn sie plötzlich und unvermittelt eintritt, ist sie eher ein Hinweis auf Missfallen und das Bedürfnis, Distanz zu schaffen.

149. Mit Gegenständen spielen – Mit Schmuck oder Gegenständen spielen (die Armbanduhr aufziehen, mit dem Bleistift auf die Tischplatte klopfen, auf das Display des Mobiltelefons blicken) dient der Beruhigung. Man sieht dieses Verhalten oft bei Personen, die auf ein Verhör warten, aber auch in Gesprächspausen.

150. Die Hände zum Dach formen – Diese Geste ist möglicherweise das beste universelle Zeichen für Zuversicht und Souveränität. Hierbei bringt man die Fingerspitzen der gespreizten Hände zusammen und stellt sie so auf, dass sie ein Dach bilden. Zu dieser Geste neigen vor allem Menschen, die sich ihrer Sache sehr sicher sind. Sie können sich zwar irren, sind aber von sich bzw. dem Wahrheitsgehalt ihrer Äußerung überzeugt. In dreißig Jahren Dienst als Ermittlungsbeamter habe ich noch nie jemanden beim Lügen die Hände zum Dach formen sehen – nicht ein einziges Mal.

151. Eingeschränkte Handbewegungen – einige Wissenschaftler (vor allem Aldert Vrij) meinen, dass Lügner dazu neigen, ihre Hände und Arme weniger zu bewegen. Das trifft zwar zu, aber so verhalten sich auch ehrliche Menschen, wenn sie Angst haben. Seien Sie also wachsam, wenn Sie reduzierte Armbewegungen sehen. Das Gehirn steuert Mimik und Gestik unwillkürlich, es liegt also an Ihnen als Fragesteller, die Gesprächssituation so zu gestalten, dass Sie die korrekten Antworten bekommen.

152. Abgewandeltes Dach – Ein abgewandeltes Dach ist ebenfalls ein zuverlässiges Indiz, das Selbstbewusstsein signalisiert. Hierbei verschränken sich die Finger, wobei nur die Zeigefinger aufgestellt sind und sich an den Spitzen berühren. Es wirkt bescheidener als das normale Dach, bringt aber ebenso Zuversicht und Souveränität zum Ausdruck.

153. Händeringen – Händeringen ist ein Zeichen, das für Sorge, Zweifel, Nervosität und Unsicherheit steht. Je nachdem, wie fest sich die Hände umklammern, steht die Person unter mehr oder weniger Druck. Wenn sich an den Fingern oder Händen weiße oder rote Flecke bilden, ist das Stressniveau offensichtlich hoch.

154. Verräterische Gesten – Unsere Hände unterstreichen oft unsere Äußerungen, beispielsweise wenn wir ein großes quadratisches Paket beschreiben und unsere Hände zur Visualisierung benutzen. Lügner begehen oft Fehler, indem sie mit ihren Ges-

ten das falsche Objekt, das falsche Ereignis oder sogar die falsche Richtung darstellen. Ich hatte es einmal mit einem Verdächtigen zu tun, der sagte, er sei
»links die Straße entlanggegangen«, dabei aber nach
rechts deutete – die Richtung, in der laut dem Verge-
waltigungsopfer der Angriff stattgefunden hatte.

155. Fehlende Gestik – Personen, die berichten, dass
sie in Notwehr gehandelt haben, sollten Gesten verwenden, um zu zeigen, was genau vorgefallen ist.
Wenn während der Wiedergabe der Geschichte keine gestische Untermalung der Ereignisse erfolgt, sollte man sich fragen, ob die Äußerung den Tatsachen
entspricht. Ich habe dieses Verhalten schon bei Menschen gesehen, die eine ungerechtfertigte Anzeige er-
statteten. Weil kein Verbrechen stattgefunden hatte,
fehlten in ihrer Geschichte die Gesten, die normalerweise vorgekommen wären.

156. Handflächen nach oben – Wenn jemand eine
Behauptung äußert und seine Handflächen dabei
nach oben zeigen, ist das sehr verdächtig, wenn nicht
gar zweifelhaft. Fühlen wir uns sicher und souverän,
zeigen unsere Handflächen normalerweise nach unten. Wenn ein Beschuldigter »Ich war es nicht« sagt
und seine Handflächen dabei nach oben zeigen (auch
bekannt als »fragende Handposition«), würde ich
den Wahrheitsgehalt seiner Äußerung in Frage stellen. Das bedeutet nicht, dass er zwangsläufig lügt, ich

wäre allerdings argwöhnisch, weil diese Geste nicht so bejahend ist wie die Haltung, bei der die Handflächen nach unten zeigen. Übrigens: Eine Behauptung ist eine Antwort auf eine direkte Frage, die in einem kriminalistischen Umfeld (Polizei, Arbeit, eidesstattliche Aussage, formelles Verhör) gestellt wird, also zum Beispiel »Haben Sie die Unterlagen aus dem Tresor entwendet?« oder »Haben Sie vor Kurzem Drogen genommen?«.

157. Handflächen nach unten – Bestätigende Behauptungen wie »Ich war es nicht«, bei denen die Handflächen energisch nach unten zeigen, scheinen in der Regel zuverlässig zu sein, wobei die Geste die Aussage untermauert. Lügner sind hierzu nicht richtig in der Lage und führen die Geste nicht besonders energisch aus; sie sind teilweise sehr passiv.

158. Handflächen nach unten mit gespreizten Fingern – Wenn jemand eine Behauptung wie »Ich war es nicht« macht und dabei dieses Verhalten zeigt, handelt es sich höchstwahrscheinlich um eine aufrichtige Antwort. Ich habe noch nie einen Lügner diese Geste machen sehen, weil sie üblicherweise in Zusammenhang mit positiven Gefühlen steht. Kann ein Lügner ein solches Verhalten vortäuschen? Vermutlich schon, aber dann müsste er schon ein hervorragender Schauspieler sein.

159. Beim Antworten Beruhigungsgesten ausführen – Wenn jemand beim Antworten mit einer Hand über den Körper streicht oder andere flüchtige Berührungen macht, statt emphatisch zu gestikulieren, sollten Sie auf der Hut sein. Ich habe im Laufe der Jahre festgestellt, dass Lügner dazu neigen, sich selbst zu beruhigen, während sie die Unwahrheit sagen, wohingegen ehrliche Menschen ihre Hände nicht benutzen, um sich zu beruhigen, sondern um ihren Standpunkt zu verdeutlichen.

160. Das Handgelenk mit gekreuzten Armen festhalten – Wenn dieses Verhalten plötzlich auftritt und die betreffende Person mit einer Hand ihr jeweils anderes Handgelenk umklammert hält, weist das auf Besorgnis und Unsicherheit hin. Ich habe diese Geste schon oft in Verhörsituationen gesehen, wenn dem Verdächtigen neue Informationen oder Beweise präsentiert wurden, die eine Bedrohung für ihn darstellten. Halten Sie vor allem unmittelbar nach einer belastenden Frage danach Ausschau.

161. Daumen hoch – Wenn eine Person etwas behauptet, ihre Hände dabei verschränkt und die Daumen aufstellt, strahlt sie Zuversicht aus. Normalerweise liegen die Hände auf dem Schoß oder auf der Tischplatte. Sobald eine Äußerung betont wird, die ehrlich gemeint ist, gehen die Daumen nach oben. Es handelt sich dabei um ein sehr fließendes Verhalten, das sich bei einem Stimmungswechsel schnell ändert (siehe nächsten Punkt).

162. Daumen runter – Umgekehrt deuten Daumen, die gesenkt werden, während die übrigen Finger verschränkt bleiben, darauf hin, dass weniger Selbstvertrauen vorliegt und die betreffende Person den gerade besprochenen Dingen oder Themen gegenüber negativ eingestellt ist.

163. Die Finger spreizen – Die meisten Menschen bemerken nicht, dass der Abstand zwischen den Fingern durch die äußeren Umstände und ihre emotionale Befindlichkeit bestimmt wird, wenn sie ihre Hände auf den Tisch oder ihren Schoß legen. Wenn man sich stark und souverän fühlt, bringt man die Finger weiter auseinander. Im Extremfall, wenn man beispielsweise ein leidenschaftliches Plädoyer hält, können die Finger maximal gespreizt werden. Wenn jemand eine Behauptung macht und dabei seine Finger stark spreizt, ist die Äußerung tendenziell glaubwürdiger und aufrichtiger, als wenn die Finger eng zusammen sind.

164. Finger eng zusammen – Wenn wir uns Sorgen machen, verwirrt, eingeschüchtert, verstört oder beunruhigt sind, nimmt der Abstand zwischen unseren Fingern ab. Es handelt sich dabei um eine unbewusste Reaktion; unsere Finger nehmen immer weniger Platz ein, je unsicherer wir werden oder je größer unsere Zweifel sind. Im Extremfall rollen wir unsere Finger komplett ein, damit sie nicht abstehen.

165. Daumen nach außen – Wird die Hand mit der Handfläche nach unten abgelegt, steht der Daumen ab, sofern wir uns sicher und souverän fühlen. Der Abstand zwischen Daumen und Zeigefinger deutet an, wie zuversichtlich wir uns fühlen. Dies ist eine jener Verhaltensweisen, auf die man während des gesamten Gesprächsverlaufs achten sollte, um Vergleiche anstellen zu können. Bei manchen Verhörten gibt diese Geste sehr zuverlässig Auskunft darüber, wie sehr sie von ihren eigenen Äußerungen überzeugt sind.

166. Daumen nach innen – Wenn wir uns unsicher oder bedroht fühlen, ziehen wir unsere Daumen unbewusst ein und berühren mit ihnen unsere restlichen Finger oder klemmen sie sogar darunter. Ein plötzliches Einziehen der Daumen bedeutet, dass sich die Person Sorgen macht oder bedroht fühlt. Es handelt sich hierbei um eine Überlebensstrategie, die der von Hunden ähnelt, wenn sie ihre Ohren anlegen, sobald sie Angst haben.

167. Die Ellbogen aufstellen – Wenn sich jemand gut und zuversichtlich fühlt, wird er mehr Raum einnehmen und die Ellbogen am Tisch aufstellen oder spreizen. Offenbar erfolgt diese Geste unbewusst, die betreffende Person weiß also nicht, dass sie ihre Selbstsicherheit so deutlich zur Schau stellt.

168. Die Ellbogen anziehen – Wenn jemand, der gerade verhört wird, plötzlich seine Ellbogen anlegt oder zum Körper zieht, hat er wahrscheinlich etwas Negatives gehört und ist dementsprechend nervös oder besorgt. Mir fiel dieses Verhalten oft in Arztpraxen auf, als ich in Betrugsfällen ermittelte, in denen unberechtigte Zahlungsansprüche an die gesetzliche Krankenversicherung gestellt worden waren. Zu Beginn hatten die betreffenden Personen die Unterarme mit großem Abstand zum Körper auf der Tischplatte aufgelegt und nahmen somit viel Platz ein; sobald ich jedoch eine Form von Beweis oder Zeugenaussage erwähnte, stellten sie die Arme auf und legten die Ellbogen an. Wenn wir Angst haben, reduziert sich automatisch unser Bedürfnis, Territorialansprüche zu stellen.

169. Festhalten – Verhörte, die sich an ihren Stuhl klammern, während sie eine Behauptung machen, bringen damit zum Ausdruck, dass sie Zweifel haben oder unsicher sind. Man sieht dann oft, wie sie sich an die Armlehne oder die Sitzfläche klammern, manchmal sogar an die Lehne eines anderen Stuhls oder die Tischkante. Praktisch jedes Mal, wenn mir dieses Verhalten unterkam, waren die gemachten Behauptungen zweifelhaft oder schlichtweg falsch.

170. Die Arme spreizen – Verhörte, die ihre Arme auf der Rückenlehne von benachbarten Stühlen ablegen, sind von ihren Äußerungen überzeugt. Das heißt nicht zwangsläufig, dass sie die Wahrheit sagen, vielleicht sind sie auch nur geschickte Lügner, aber ein Verhalten, das viel Raum einnimmt, bringt in der Regel Zuversicht und Selbstbewusstsein zum Ausdruck.

171. Schleudersitz – Wenn sich jemand an seinen Stuhl klammert, als säße er auf einem Schleudersitz (er ist reglos und umklammert mit den Händen fest die Armlehnen oder Sitzfläche), würde ich alles in Frage stellen, was er sagt. Es handelt sich dabei um eine Form der Schockstarre, die auf tiefe Besorgnis, Stress oder ein Gefühl der Bedrohung hinweist.

172. Mit den Händen gestikulieren – Wissenschaftler haben schon vor Langem die Beobachtung gemacht, dass Lügner dazu neigen, beim Reden ihre Hände weniger einzusetzen. Achten Sie darauf, wie der Befragte seine Hände benutzt, während er wichtige Aussagen macht. Wenn die Hände plötzlich passiv werden, ist es sehr wahrscheinlich, dass er in diesem Augenblick selbst nicht an das glaubt, was er sagt. Wenn die Hände energisch in Bewegung sind, wirken seine Aussagen glaubwürdiger.

173. Den Stinkefinger zeigen – Paul Ekman war der Erste, der dieses Verhalten beschrieb, und auch ich

habe schon miterlebt, wie jemand, der gerade verhört wird, dem ermittelnden Beamten indirekt »den
Stinkefinger« zeigt. Dies erfolgt, indem man mit dem
ausgestreckten Mittelfinger über das Knie fährt. Ich
sah aber auch einmal, wie ein Verdächtiger seine Bril-
le zurechtrückte, indem er sie mit dem Mittelfinger
nach oben schob. Er musste dabei einem Fragesteller Rede und Antwort stehen, den er nicht sonderlich
mochte. Es ist ein sehr auffälliges Verhalten, das aber
nur aussagt, welche Einstellung die befragte Person
uns entgegenbringt. Normalerweise führen Schuldige dieses Verhalten unbewusst aus, aber Ausnahmen
bestätigen die Regel. Es dient weniger dem Zweck, jemanden der Lüge zu überführen als vielmehr herauszufinden, ob es uns gelingt, Rapport aufzubauen.

174. Nägelkauen – Nägelkauen ist eine weithin be-
kannte Strategie, Stress abzubauen. Es ist ein Ausdruck von Besorgnis, Unsicherheit und mangelndem Selbstvertrauen. Wer sonst nie Nägel kaut, kann
plötzlich damit anfangen, wenn er unter Stress steht,
vor allem, wenn er ein schlechtes Gewissen hat.

175. Mit den Fingern trommeln – Mit den Fingern
auf der Tischplatte trommeln dient dem Zeitvertreib
und wirkt wie alle anderen wiederholt auftretenden
Verhaltensweisen beruhigend. Manchmal zeigen Personen, die gerade verhört werden, dieses Verhalten in
Anwesenheit des Fragestellers, als wollten sie damit

»Komm schon, beeil dich« sagen. Ähnelt dem Trommeln mit den Fingern im Gesicht.

176. Die geballte Faust massieren – Die geballte Faust mit der anderen Hand massieren ist ein Verhalten, mit dem man sich selbst im Zaum hält und sich zu beruhigen versucht. Es bedeutet normalerweise, dass die betreffende Person mit sich hadert, sich Sorgen macht und sehr angespannt ist.

177. Finger hinter dem Kopf verschränken – Sind die Finger mit nach außen zeigenden Ellbogen hinter dem Kopf verschränkt, ist das ein Zeichen großer Selbstsicherheit. Je länger diese Haltung bestehen bleibt, desto stärker und zuversichtlicher fühlt sich die Person. Lügner können diese Pose nicht lange aufrechterhalten, auch wenn sie sich Mühe geben. Dieser Ausdruck von Zuversicht nimmt viel Raum ein, es werden damit also auch Territorialansprüche gestellt – ein Verhalten, das man normalerweise nur sieht, wenn jemand die Wahrheit sagt und sich in seiner Haut sehr wohl fühlt.

178. Über die Hand fahren – Wir beruhigen uns, wenn wir mit den Fingern der einen Hand über die offene Handfläche der anderen Hand fahren. Wenn dieses Verhalten wiederholt vorkommt oder der Druck erhöht wird, ist die Person sehr nervös oder besorgt.

179. Die Finger verschränken – Wenn jemand unter dem Einfluss von Stress, Angst und Sorge steht, beruhigt er sich, indem er sich die Hände mit gespreizten Fingern reibt. Durch die gleitende Bewegung der Hände und Finger entsteht Reibung und es werden Nerven stimuliert, welche dem Abbau von Anspannung dienen. Dies ist einer der besten Hinweise darauf, dass die Person unter großem Stress steht. Ich sage groß, weil wir dieses Verhalten eigentlich für Situationen aufsparen, in denen die Karten sehr schlecht für uns stehen; in weniger brisanten Situationen ringen wir die Hände oder reiben sie aneinander.

180. Die Finger verschränken und dabei die Handflächen nach oben zeigen lassen – Eine extreme Variante des vorigen Punkts. Hierfür legt man eine Hand mit der Handfläche nach oben über die andere Hand, deren Handfläche nach unten zeigt, und verschränkt anschließend die Finger. Wir sehen dieses Verhalten normalerweise bei großem Stress und Unbehagen, auch wenn es sehr seltsam aussieht.

181. Sich von Gegenständen distanzieren – Im Laufe der Jahre habe ich bemerkt, dass Unschuldige in der Regel neugierig sind und Tatortbilder ansehen oder in die Hand nehmen wollen, während Schuldige Hemmungen haben, die Bilder auch nur anzufassen. Es gibt vielleicht Ausnahmen von dieser Regel, aber ich

habe niemals miterlebt, dass ein Unschuldiger es ab-
lehnte, ein Beweisstück anzufassen oder anzusehen.

182. Mit den Fingerknöcheln knacken – Mit den
Fingerknöcheln knacken ist in allen Variationen eine
Form von Beruhigungsgeste. Man sieht es oft, nachdem eine Person etwas Unwahres behauptet hat. Sie
muss sich dann beruhigen, weil sie gelogen hat. Bedenken Sie jedoch, dass manche Leute ständig mit
den Fingerknöcheln knacken; in diesem Fall können
Sie das Verhalten vernachlässigen.

**183. Die Arme strecken, die Hände nach außen dre-
hen und die Finger verschränken** – Wenn auch noch
die Handflächen nach vorne zeigen, handelt es sich
um eine sehr wirksame Beruhigungsgeste. Jemand,
der sich nach einer Behauptung so verhält, täuscht Sie
höchstwahrscheinlich und versucht, mit dieser Geste
Stress abzubauen.

184. Körperpflege – Wenn jemand während des Verhörs Flusen aus dem Haar oder von der Kleidung ent-
fernt oder die Fingernägel säubert, zeigt er damit an,
dass er dem Ermittlungsbeamten gegenüber keinen
Respekt hat und unverschämt ist – ein Verhalten, das
ich bisher nur bei Schuldigen beobachtet habe.

185. Verschwindende Daumen – Wenn man sich bedroht oder unsicher fühlt, lässt man die Daumen oft

in oder an der Hose verschwinden (hinter dem Gür-
tel oder in den Taschen), wobei die Finger allerdings
weiterhin sichtbar bleiben. Das Wegklemmen oder
Verstecken der Daumen ist normalerweise ein Zeichen dafür, dass man gerade nicht besonders zuversichtlich ist. Wenn jemand eine Behauptung macht
und dabei seine Daumen nicht sichtbar sind, sollten
Sie wachsam sein und seine Äußerung genau hinterfragen.

186. Die Arme plötzlich verschränken – Wenn jemand plötzlich die Hände von der Tischplatte nimmt
und seine Arme verschränkt, weil der Gesprächsführer soeben etwas Bestimmtes gesagt hat, ist die Wahrscheinlichkeit sehr hoch, dass sich die betreffende
Person Sorgen macht. Die Frage lautet dann: Warum?

187. Hand am Bein – Ellbogen nach außen – Wenn
jemand eine Behauptung macht und dabei diese Haltung einnimmt, weist das normalerweise auf ein au-
ßergewöhnlich hohes Selbstbewusstsein der betreffenden Person hin. Es handelt sich hierbei um eine
Form von Territorialverhalten.

**188. Mit eingerollten Fingern Fingernägel schnip-
pen** – Wenn jemand nervös oder beunruhigt ist und
unter Stress steht, rollt er die Finger (normalerweise
einer Hand) ein und lässt die Fingernägel dann gegen
den Widerstand des Daumens nach außen schnip-

pen. Dies dient der Stressbewältigung und ist sehr auffällig, weil es je nach Stressniveau verschwindet und wieder in Erscheinung tritt.

HÜFTEN UND RUMPF

189. Abwenden des Bauches – Jemand, der sich vom Gesprächsführer wegdreht, sucht in Wirklichkeit Abstand. Ich habe dieses Verhalten in Verhörsituationen wiederholt bei Personen gesehen, wenn sie eine Frage oder den leitenden Ermittler nicht mochten. Sie drehten sich dann von ihm weg und wandten sich einem anderen Beamten zu, mit dem sie besser zurechtkamen. Dieses Verhalten gibt Ihnen also Aufschluss darüber, wie es um den Rapport und das Unbehagen gegenüber einer bestimmten Frage bestellt ist. Die Person hält oft den Augen- und Gesichtskontakt aufrecht, dreht aber den Bauch oder die Körpervorderseite weg.

190. Den Rumpf bedecken – Das plötzliche Bedecken des Rumpfs mit Gegenständen wie einem Geldbeutel oder einer Tüte deutet auf Unbehagen hin, das mit dem eben besprochenen Thema in Zusammenhang steht.

191. Steife Sitzhaltung – Jemand, der kerzengerade auf seinem Stuhl sitzt und sich lange nicht bewegt, steht unter Stress. Es handelt sich um eine Variante der Schockstarre.

192. Hüftrotation – Wenn sich jemand in seinem Bürostuhl hin- und herdreht, tut er dies, um Spannung abzubauen. Weil es sich hierbei um eine Beruhigungsgeste handelt, die in der Regel einer konfliktbeladenen Aussage folgt, würde ich alles anzweifeln, was davor gesagt wurde.

193. Die Hüften reiben – Wenn jemand, während oder kurz nachdem er eine Aussage gemacht hat, energisch über seine Hüften fährt, würde ich den Wahrheitsgehalt der Äußerung anzweifeln. Wenn sich die Person so verhält, während sie eine Frage hört, würde ich mir ebenfalls Gedanken darüber machen, was sie wohl weiß und wovor sie sich fürchtet.

194. Mit dem Rumpf wippen – Man sieht manchmal, wie Verdächtige im Sitzen vor und zurück schaukeln. Dies ist ein untrügliches Zeichen dafür, dass die betreffende Person unter enormem Stress steht. Es ähnelt sehr stark den Bewegungen betender orthodoxer Juden, beispielsweise an der Klagemauer in Jerusalem. In unserem Fall findet die Bewegung im Sitzen statt. Ich habe dieses Verhalten schon oft bei Menschen gesehen, die emotional schwer getroffen waren und sich durch das Wippen selbst zu beruhigen versuchten. Sofern diese Personen über Täterwissen verfügen, ist dies oft der Augenblick, an dem sie zu einem Geständnis bereit sind.

195. Weglehnen – Weglehnen als Reaktion auf eine Frage ist ein klares Zeichen für Unbehagen. Wir merken oft gar nicht, wie oft dieses Verhalten im Alltag vorkommt, aber erwähnen Sie nur einmal ein abstoßendes oder ekelhaftes Detail und Sie werden bemerken, wie sich Ihr Gegenüber schnell weglehnt.

196. Den Stuhl wegrücken – Menschen, die den Stuhl vom Gesprächsführer wegrücken, fühlen sich infolge der gestellten Fragen sehr unwohl. Wenn sich eine Person in eine Ecke des Raumes verdrückt – ein offensichtliches Distanzverhalten, das ich schon oft beobachtet habe –, würde ich alle ihre Äußerungen anzweifeln.

197. Sich auf den Stuhl lümmeln – Viele Ermittlungsbeamte wissen es schon lange, und auch ich habe immer wieder bemerkt, dass Lügner dazu neigen, sich auf ihren Stuhl zu lümmeln. Ich habe noch nie gesehen, dass sich eine ehrliche Person bei einer formellen Anhörung jemals so verhalten hat, Schuldige hingegen schon. Aber damals musste ich eigentlich stets davon ausgehen, dass ich angelogen wurde, die Frage war nur, an welchem Punkt des Verhörs.

198. Nach vorne beugen – Geben Sie acht bei Verdächtigen, die sich im Sitzen nach vorne beugen (von der Hüfte aufwärts), während ihnen Beweise vorgelegt werden. Es sieht fast so aus, als hätten sie Bauchschmerzen. Normalerweise halten sie die Arme vor dem Bauch; es ist ein sehr zuverlässiger Hinweis dafür, dass Sie mit einer Äußerung einen wunden Punkt getroffen haben.

199. Embryonalhaltung – Wenn jemanden eine sehr schwere Schuld oder ein schlechtes Gewissen belastet, zieht er seine Knie an und nimmt eine Art Embryonalhaltung ein, um den Stress zu lindern, den die Beweislast verursacht. Ich habe noch nie gesehen, dass eine unschuldige Person dieses Verhalten gezeigt hat – warum auch, wenn man eine unverfängliche Frage stellt. Ein Spion, den ich einmal in einem Hotelzimmer verhörte, hatte ein Kissen zwischen Beine und Bauch geklemmt und harrte beinahe drei Stunden so aus, während er mir Rede und Antwort stand.

200. Frösteln – Über die Jahre hinweg habe ich die Beobachtung gemacht, dass Menschen, die sehr nervös oder angespannt sind, dazu neigen zu frieren, obwohl die Zimmertemperatur angenehm ist. Das hat etwas mit der Tatsache zu tun, dass das Blut in Erwartung einer bevorstehenden Fluchtreaktion die größeren Muskelgruppen besser versorgt als die Haut. Ich würde es daher als Ausdruck von Angst, Nervosität oder tiefer Besorgnis werten, wenn eine Person anmerkt, dass ihr kalt ist.

BEINE UND FÜSSE

201. Die Beine reiben – Mit den Händen an den Oberschenkeln entlangzufahren, ist eine Beruhigungsgeste. Die meisten Menschen zeigen dieses Verhalten, wenn sie unter großem Stress stehen. Manchmal fällt es nicht auf, weil es unter der Tischplatte erfolgt.

202. Das Knie umklammern (zurücklehnen) – Ein festes Umklammern der Knie kann darauf hinweisen, dass die Person sich sehr zusammenreißen muss.

203. Die Beine zusammen – Manchmal lässt sich das Selbstvertrauen einer Person an ihrer Sitzhaltung ablesen. Beine, die sich plötzlich schließen, weisen auf Unsicherheit hin. Dies gilt aber nicht für jeden, weil dieses Verhalten auch kulturell bedingt sein kann, aber bei manchen Menschen kann man daran ziemlich genau erkennen, wie sie sich gerade fühlen. Ihre Beine zeigen dann zumeist an, wie selbstbewusst und zuversichtlich sie sind.

204. Die Beine auseinander – Wenn jemand im Gespräch plötzlich eine breitbeinige Position einnimmt, deutet das auf wachsende Zuversicht hin. Es handelt sich hierbei um eine Form von Territorialverhalten. Je selbstsicherer die Person ist, desto mehr Raum nimmt sie ein.

205. Mit den Füßen scharren – Bei Tatortbegehungen und dergleichen sieht man oft, dass die Person mit den Füßen scharrt und während des Verhörs Linien in den Sand zieht. Ich sah dieses Verhalten zum ersten Mal, als ich im Parker-Indianerreservat in einigen Mordfällen ermittelte, und vor nicht allzu langer Zeit, als ich Videoaufzeichnungen von Befragungen durchsah, die in Afghanistan auf offener Straße durchgeführt wurden. Das Vor- und Zurückbewegen des Beins hat auf den Befragten eine beruhigende Wirkung. Ich wäre sehr argwöhnisch, wenn jemand sich auf diese Weise verhält, und würde seine Äußerungen grundsätzlich hinterfragen. Auch bei Kindern kann man dieses Verhalten übrigens bereits beobachten.

206. Ein Bein über das andere schlagen – Das Bein dient in diesem Fall als Barriere (das Knie ist hoch aufgestellt). Wird dieses Verhalten im Sitzen gezeigt, deutet dies auf Probleme hin. Ob nun zu Hause oder am Befragungsort: Ein Bein über das andere zu schlagen, gibt zuverlässig wieder, was die Person gerade empfindet. Man sieht dies oft, wenn ein unangenehmes Thema zur Sprache gebracht wird.

207. Flache Füße – Wenn Füße, die die ganze Zeit in Bewegung waren, plötzlich flach und unbeweglich auf dem Boden stehen, zeigt das Sorge und Unsicherheit an. Wir neigen dazu, immer dann in Schockstarre zu verfallen, wenn wir uns bedroht fühlen. Eine plötzliche Reglosigkeit deutet genau darauf hin. Die Schockstarre ist eine evolutionäre Reaktion, die dafür sorgt, dass Feinde uns nicht bemerken.

208. Die Füße zurückziehen – Manche Personen ziehen in einer Gesprächssituation plötzlich die Füße zurück und stellen sie unter dem Stuhl ab, wenn sie sich bedroht fühlen. Häufig bei unangenehmen Fragen; dabei kann es durchaus vorkommen, dass die Füße sehr energisch und ruckartig zurückgezogen werden. Durch das Wegbewegen der Füße wird ein größerer Abstand hergestellt – eine natürliche Reaktion auf Bedrohungen.

209. Mit den Fußgelenken die Stuhlbeine umschlingen – Dieses Verhalten weist in der Regel auf Unsicherheit, Angst und Besorgnis hin. Für manche Menschen kann dies aber auch eine übliche Sitzhaltung sein. Wenn ein Befragter auf eine Frage hin plötzlich seine Fußgelenke um die Stuhlbeine schlingt, ist es sehr wahrscheinlich, dass ihm diese Frage nicht behagt. Fußgelenke, die sich verschränken oder einen Gegenstand umschlingen, sind eine Form von Schockstarre.

210. Knie aufstellen und umarmen – Ein Verhalten, das man in Verhörsituationen oft bei Teenagern und manchmal auch bei Frauen sieht. Es dient der Beruhigung und Stressbewältigung.

211. Die Beine entkreuzen – Wenn wir im Stehen unsere Beine überkreuzen, fühlen wir uns normalerweise sehr wohl. In dem Augenblick aber, in dem wir uns bedroht oder unwohl fühlen, machen wir das Kreuzen umgehend rückgängig. Wenn Sie ein Gespräch oder Verhör im Stehen führen, sollten Sie darauf achten, ob eine Frage den Verdächtigen dazu veranlasst, seine Beine zu entkreuzen. Dies ist in der Regel ein gutes Indiz dafür, dass die Frage Unbehagen verursacht.

212. Die Füße wegdrehen – Wenn jemand auf eine heikle Frage hin seine Füße so platziert, dass sie zum nächsten Ausgang zeigen, gibt er damit zu verstehen, dass ihm die Frage unangenehm ist. Weil es sich somit um einen Ausdruck von Unbehagen handelt, kann ich daraus folgern, dass die Person vermutlich Dinge verschweigt, die für mich interessant sind – schließlich will ich wissen, warum mir bestimmte Informationen vorenthalten werden. Führe ich die Befragung im Stehen durch und dreht mein Gegenüber seine Füße weg, weiß ich, dass er eigentlich den Ort verlassen möchte und nur deshalb bleibt, weil ich ihn nicht gehen lasse. Daraus kann ich wiederum die Schlussfolgerung ziehen, dass er nicht unbedingt kooperationsbereit ist.

213. Mit dem Bein treten – Ein übergeschlagenes Bein, das immer wieder zittert und zuckt oder nach einer Frage plötzlich ausschlägt, deutet auf großes Unbehagen angesichts der gestellten Frage hin. Es handelt sich hierbei nicht um eine Beruhigungsgeste, es sei denn, die Person äußert dieses Verhalten die ganze Zeit über. Es ist vielmehr der unbewusste Versuch, etwas wegzutreten, weil man es geringschätzt oder verabscheut.

214. Erstarrte Füße – Füße, die plötzlich sehr ruhig werden und reglos verharren, weisen auf extremes Unbehagen hin. Dies ist vor allem dann ein zuverlässiges Indiz, wenn es nach einer unangenehmen Frage erfolgt oder falls die Person unentwegt mit den Füßen gewippt hat, bis man eben diese eine Frage gestellt hat.

215. Die Zehen zeigen nach innen – Manche Menschen drehen ihre Füße ein, wenn sie sich unsicher fühlen. Achten Sie, wenn eine Person eine Behauptung wie »Ich war es nicht« äußert, einmal darauf, ob in diesem Augenblick die Zehen nach innen zeigen. In diesem Fall glaubt das Individuum selbst nicht, was es gerade gesagt hat.

216. Die Zehen weisen nach oben – Sieht man oft bei Leuten, die gerade telefonieren und dabei die Zehen eines Fußes nach oben ziehen. Es handelt sich um

eine Verhaltensweise, die der Schwerkraft entgegenwirkt und daher grundsätzlich mit positiven Emotionen in Verbindung steht. Ich habe dies noch nie bei
einem Lügner gesehen und erwähne das deshalb so
ausdrücklich, weil jemand, der eine Geschichte er-
zählt oder einen Tathergang beschreibt und dabei seine Zehen aufstellt, automatisch glaubwürdiger wirkt.
Ausnahmen können zwar die Regel bestätigen, mir ist
nur noch nie eine untergekommen, da es sich um einen sehr authentischen Ausdruck von positiven Gefühlen und Zuversicht handelt. Vergessen Sie nicht,
dass das Aufdecken der Wahrheit genauso wichtig ist
wie die Enttarnung von Täuschungen.

ZUSAMMENFASSUNG

Wie eingangs erwähnt, ist es für jeden – auch für erfahrene FBI-Agenten – schwierig, unaufrichtiges Verhalten zu identifizieren. Die Forschung sagt uns klar und deutlich, dass es für die meisten von uns reine Glückssache ist, eine Lüge aufzudecken, weil es »kein einziges wirklich zuverlässiges und unfehlbares Zeichen für eine Lüge oder eine Täuschung gibt«.

Es ist dennoch eine Fähigkeit, an der wir arbeiten können, indem wir lernen, welche Verhaltensweisen am bedeutsamsten sind, wenn es darum geht, Lügen und Unehrlichkeiten aufzudecken und ihre Begleitumstände im Kontext festzuhalten.

Wie bei jeder Fähigkeit kann auch dieses Wissen schwinden, wenn nicht regelmäßig geübt wird. Da Sie nun also darüber verfügen, sollten Sie losziehen und es in echten Situationen anwenden. Machen Sie es sich zur Angewohnheit, im Alltag nach diesen Verhaltensweisen Ausschau zu halten, und belohnen Sie sich, wenn Sie eine Beruhigungsgeste, ein Zeichen für Stress, Distanzverhalten oder einen Ausdruck von Selbstsicherheit entdecken. Sie werden bald einen Blick für Dinge entwickeln, die nur wenige Menschen sehen, und auch wenn die Wahrheit selbst vielleicht oft nur schwer zu fassen ist, wird sie für Sie nun hoffentlich nicht mehr ein ganz so großes Rätsel sein, nachdem Sie nun darin geschult sind, Hinweise auf Täuschung zu erkennen.

BIBLIOGRAFIE

Burgoon J. K., D. B. Buller und W. G. Woodall. (1994). *Nonverbal communication: the unspoken dialogue.* Columbus, Ohio: Greyden Press.

Darwin C. (1872). *The expression of emotion in man and animals.* New York: Appleton-Century Crofts.

De Becker, G. (1997). *The gift of fear.* New York: Dell Publishing.

DePaulo, B. M., Stone, J. I., und Lassiter, G. D. (1985). *Deceiving and detecting deceit.* In *The Self and Social Life,* ed. B. R. Schlenker. New York: McGraw-Hill.

Dimitrius, J. und M. Mazzarela (1998). *Reading people.* New York: Ballantine Books.

Ekman, P. (2010). Gefühle lesen*: Wie Sie Emotionen erkennen und richtig interpretieren.* Spektrum: Spektrum Akademischer Verlag.

Ekman, P. (1991). *Telling lies: clues to deceit in the marketplace, politics, and marriage.* New York: W. W. Norton und Co.

Ekman P. und M. O'Sullivan. (1991). *Who can catch a liar? American Psychologist* 46, 913–920.

Ford, C. V. (1996). *Lies! lies!! lies!!! The psychology of deceit.* Washington, DC: American Psychiatric Press, Inc.

Frank M. G., et al. (2006). *Investigative interviewing and the detection of deception.* In Tom Williamson (Ed.), *Investigative interviewing: Rights, research, regulation.* Devon, UK: Willian Publishing.

Frank, D. G. (2008). *Crime signals: how to spot a criminal before you become a victim.* New York: St. Martin's Press.

Givens D. G. (1998–2007). *The nonverbal dictionary of gestures, signs und body language cues. Retrieved 11/18/07 from Spokane Center for Nonverbal Studies Web site: http:// members.aol.com/nonverbal2/diction1.htm.*

Goleman, D. (1997). *EQ: Emotionale Intelligenz.* München: dtv.

Hall E. T. (1969). *The hidden dimension.* Garden City, NY: Anchor.

Hess E. H. (1975). *The tell-tale eye: how your eyes reveal hidden thoughts and emotions.* New York: Van Nostrand Reinhold.

Hess E. H. »*The role of pupil size in communication.*« *Scientific American 233* (1975): 110–119.

Johnson R. R. (2007). »*Race and police reliance on suspicious non-verbal cues,*« *Policing: An International Journal of Police Strategies und Management* 20 (2), 277–290.

Kassin, S. M. (2006). *A critical appraisal of modern police interrogations.* In Tom Williamson (Ed.), *Investigative interviewing: Rights, research, regulation.* Devon, UK: Willian Publishing.

Kassin, S. M. (2004). *True or false: I'd know a false confession if I saw one.* In Pär Anders Granhag und Leif A. Strömwall (Eds.), *The detection of deception in forensic contexts.* Cambridge, UK: Cambridge University Press.

Knapp, M. L., und Hall, J. A. (2002). *Nonverbal communication in human interaction,* (5th ed.). New York: Harcourt Brace Jovanovich.

LeDoux, D. J. (1996). *The emotional brain: The mysterious underpinnings of emotional life.* New York: Touchstone.

Morris, D. (1985). *Body watching.* New York: Crown Publishers.

Navarro, J. (2007). *Psychologie de la communication non verbale.* In M. St-Yves und M. Tanguay (Eds.), *Psychologie de l'enquête criminelle: La recherche de la vérité.* Cowansville, Québec: Les Éditions Yvon Blais: 141–163.

Navarro, Joe (2010). *Menschen lesen. Ein FBI-Agent erklärt, wie man Körpersprache entschlüsselt.* München: mvg Verlag.

Navarro, J. und J. R. Schafer. (2001) *Detecting deception. FBI Law Enforcement Bulletin* (Juli), 9–13.

Navarro, J. und J. R. Schafer. (2003). *Universal principles of criminal behavior: A tool for analyzing criminal intent. FBI Law Enforcement Bulletin* (January), 22–24.

Schafer, J. R., und J. Navarro. (2004). *Advanced interviewing techniques.* Springfield, IL: Charles C. Thomas Publisher.

Schafer J. R. (2010). *Psychological Narrative Analysis: A Professional Method to Detecting Deception in Written and Oral Communications.* Springfield, IL: Charles C. Thomas Publisher.

Vrij, A. (2003). *Detecting lies and deceit: The psychology of lying and implications for professional practice.* Chichester, UK: John Wiley und Sons, Ltd.

ÜBER DEN AUTOR

Joe Navarro war über 25 Jahre als Special Agent des FBI tätig und befasste sich schwerpunktmäßig mit Verhaltensanalyse und Spionage. Seit seinem Rückzug aus dem aktiven Dienst im Jahre 2003 stieg er zu einem der international führenden Experten für nonverbale Kommunikation auf. Heute vermittelt er sein einzigartiges Wissen über menschliches Verhalten als weltweit aktiver Referent und Berater von Großkonzernen und Finanzunternehmen.

Über Joe Navarros Arbeit wurde bereits in allen größeren US-amerikanischen und internationalen Medien berichtet, unter anderem bei CNN und CNN International, Fox News, CBS, NBC, NPR Radio, *Times* (GB) und *Guardian* (GB). Er äußerte sich zu so vielfältigen Themen wie Vorstellungsgesprächen, Management-Strategien und Körpersprache.

Fachleute beschreiben Joe Navarro als »erstklassigen Beobachter« (Jack Canfield) und »Meister der nonverbalen Sprache« (David Givens). Sein zuletzt erschienenes Buch *Menschen verstehen und lenken* (2011) befasst sich speziell mit der Berufswelt und bildet die Grundlage für die Vorträge, die er bei Konzernen und an der Harvard Business School hält. Es wurde vom FINS Digital Network des *Wall Street Journals* als »eines der sechs besten Karrierebücher des Jahres 2010« bezeichnet.

Joe Navarro ist außerdem der Autor von *Menschen lesen* (2010), einem internationalen Bestseller über Körpersprache.

Er bietet einen Online-Kurs an, der auf seiner Webseite verfügbar ist. Dort führt er in kurzer Zeit in die Kunst ein, Menschen lesen zu können.

www.jnforensics.com